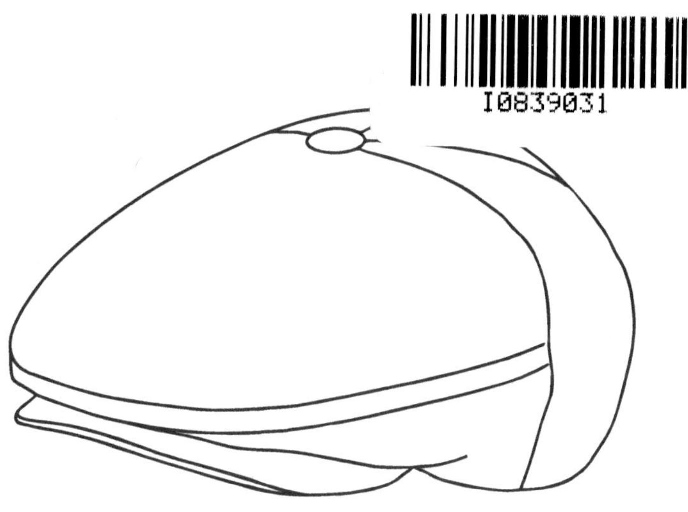

STU LIBRU
APPARTENI A:

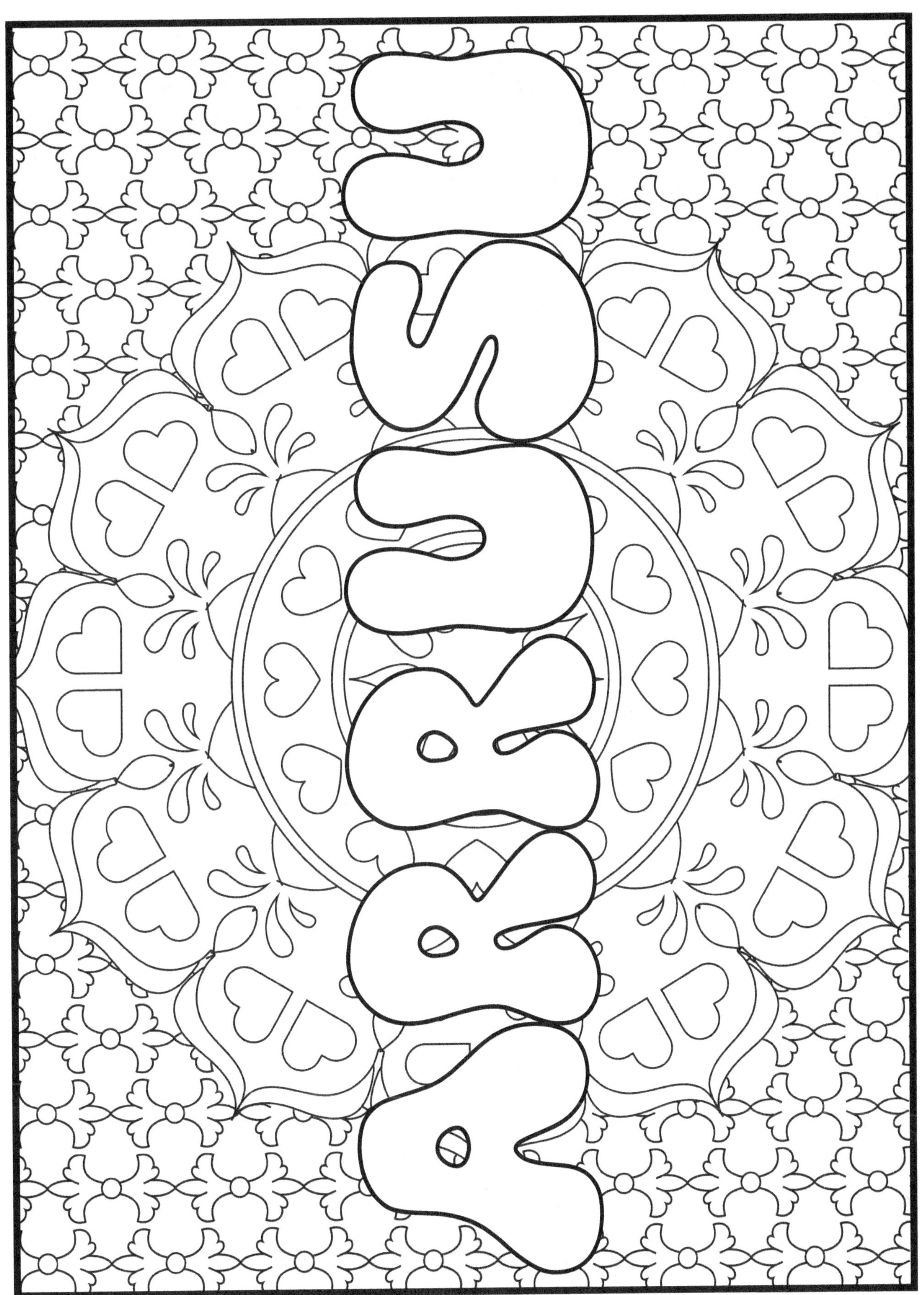

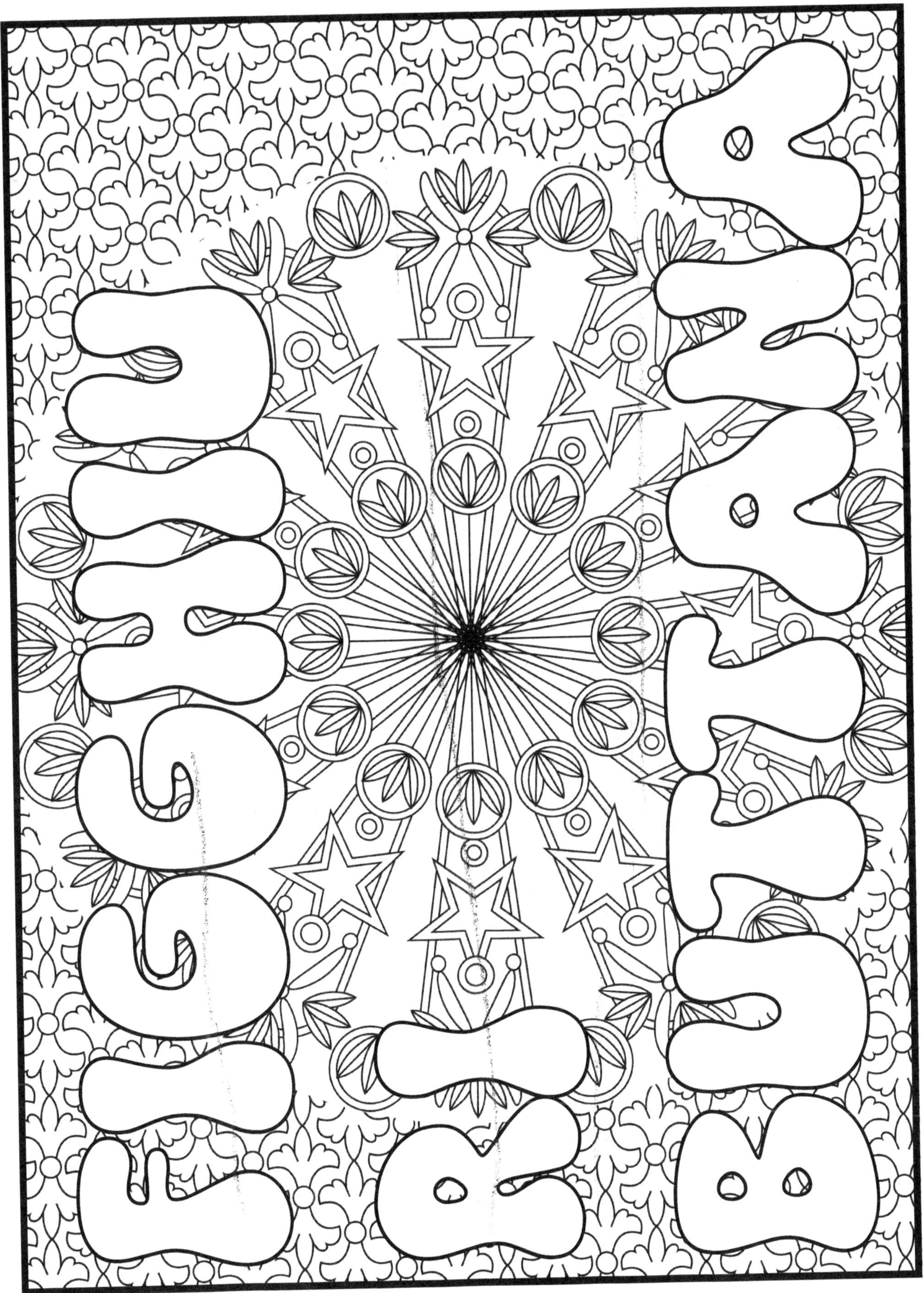

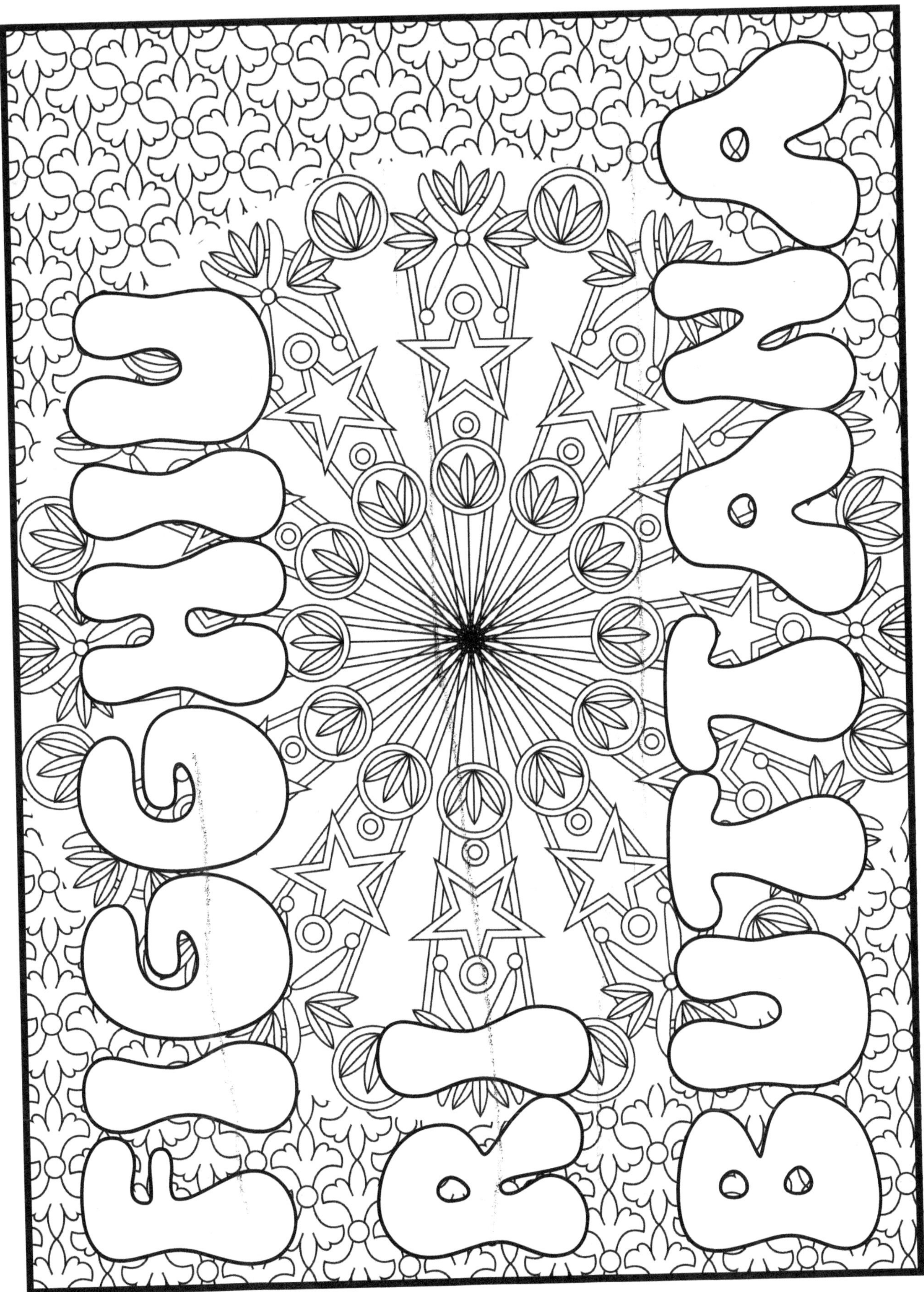

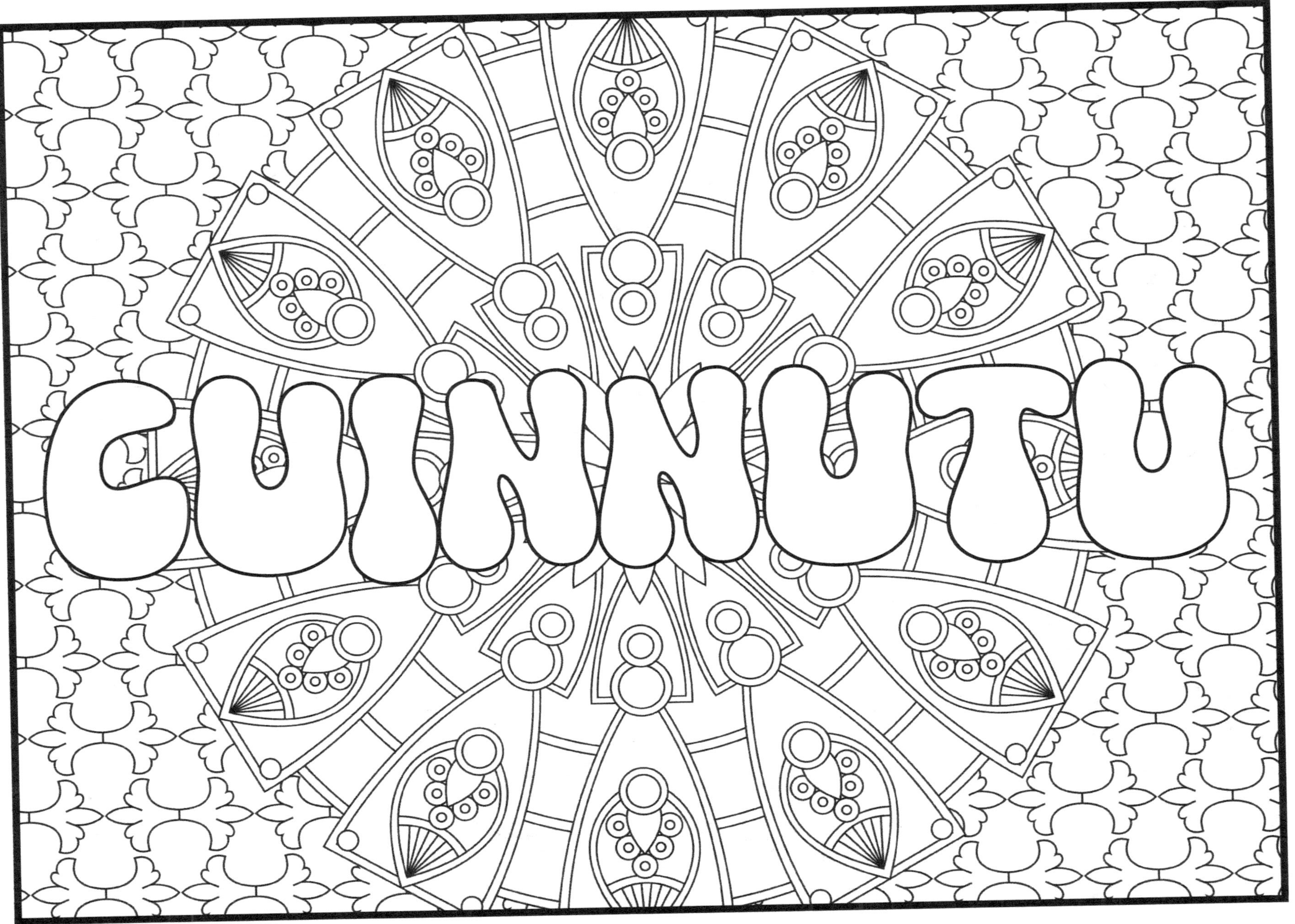
GUINNUTU

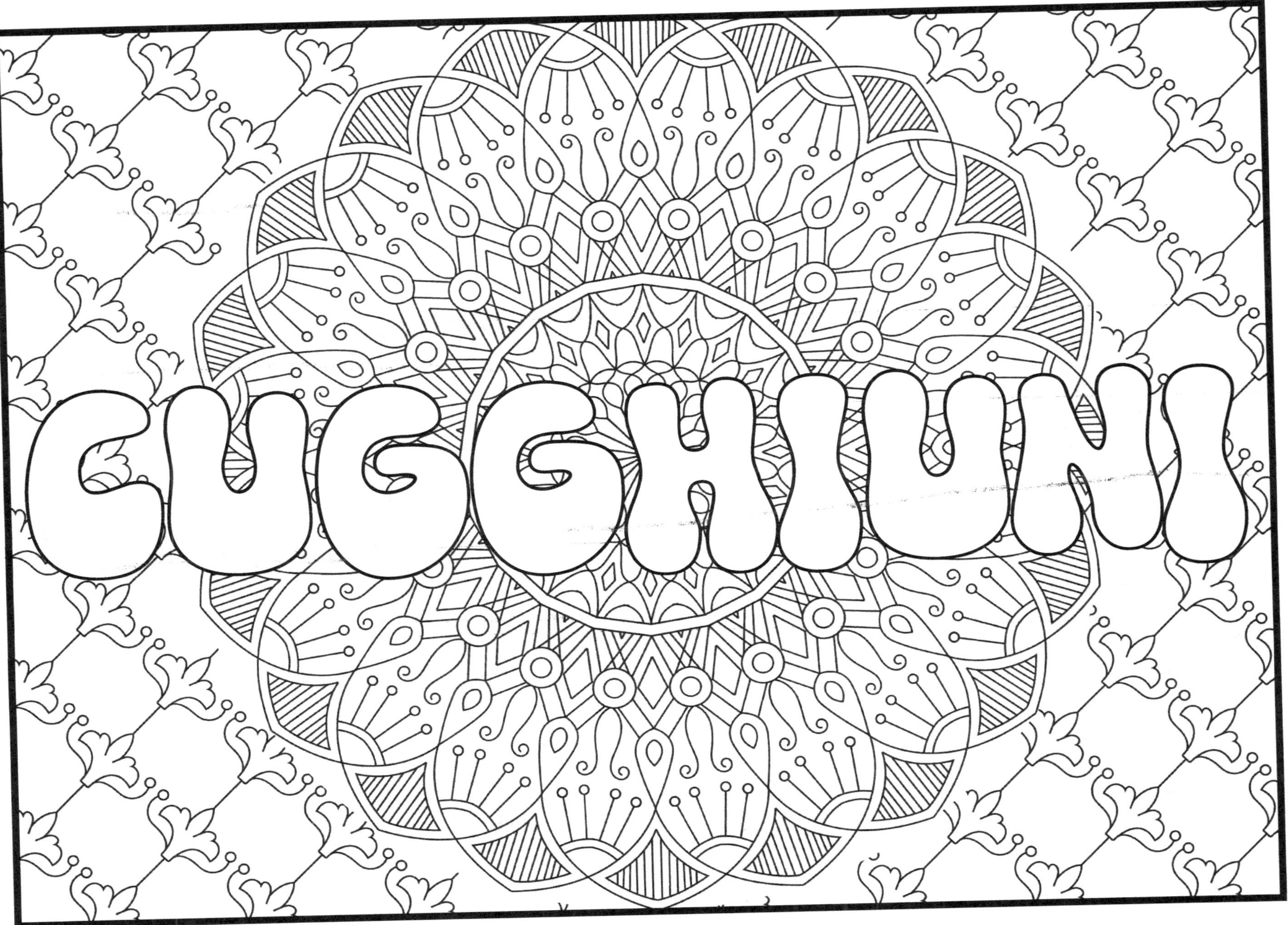
CUGGHIUNI

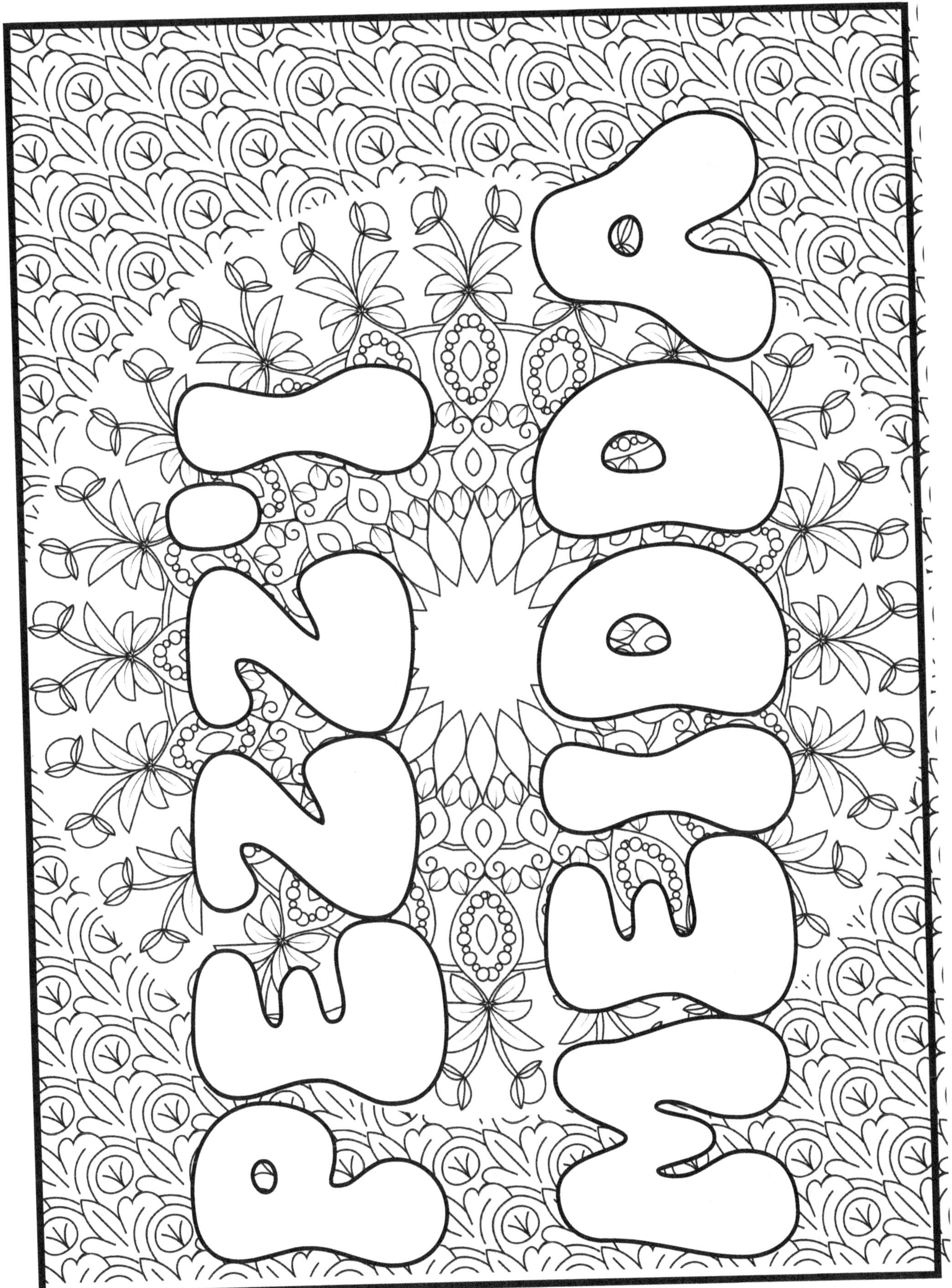

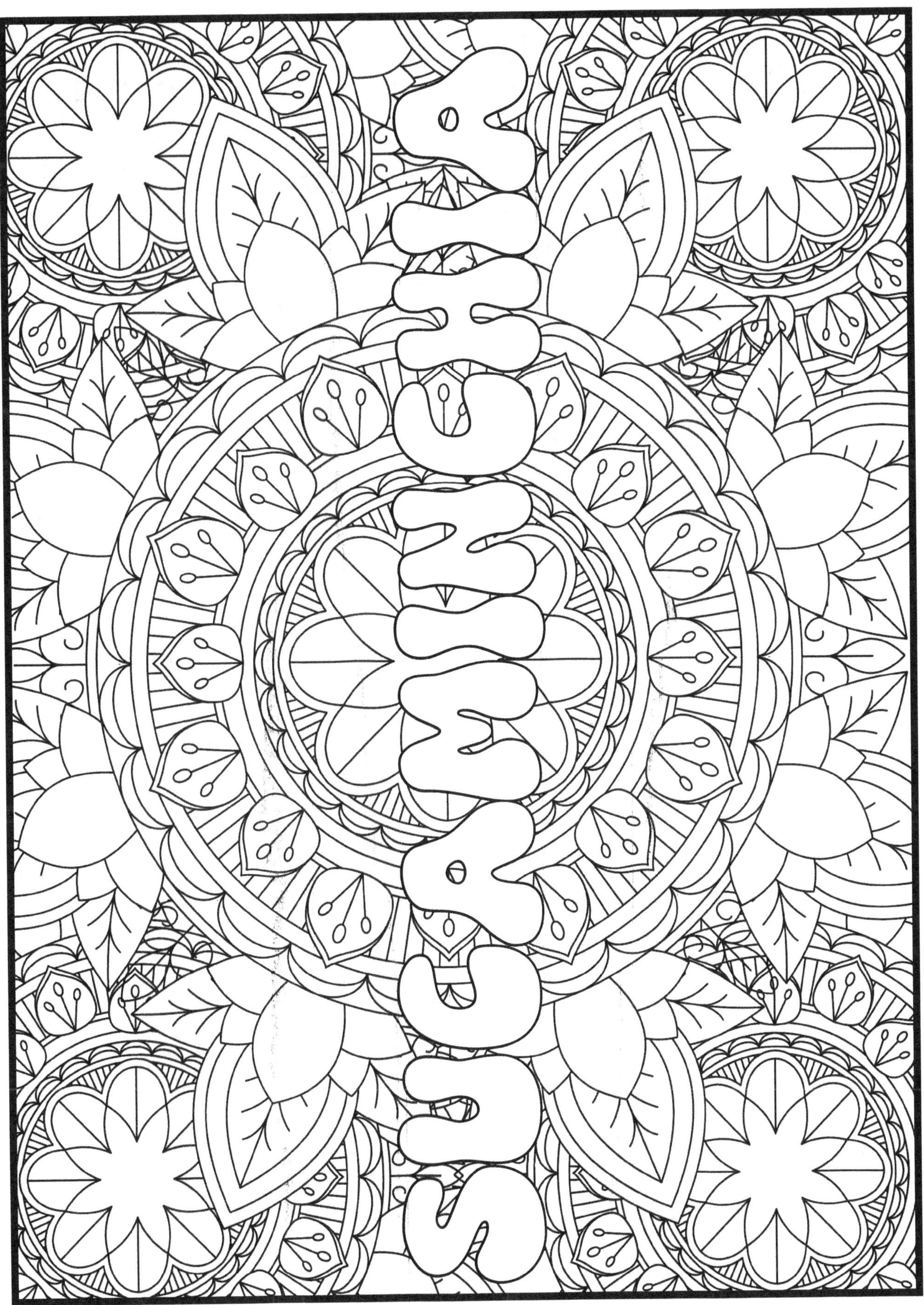

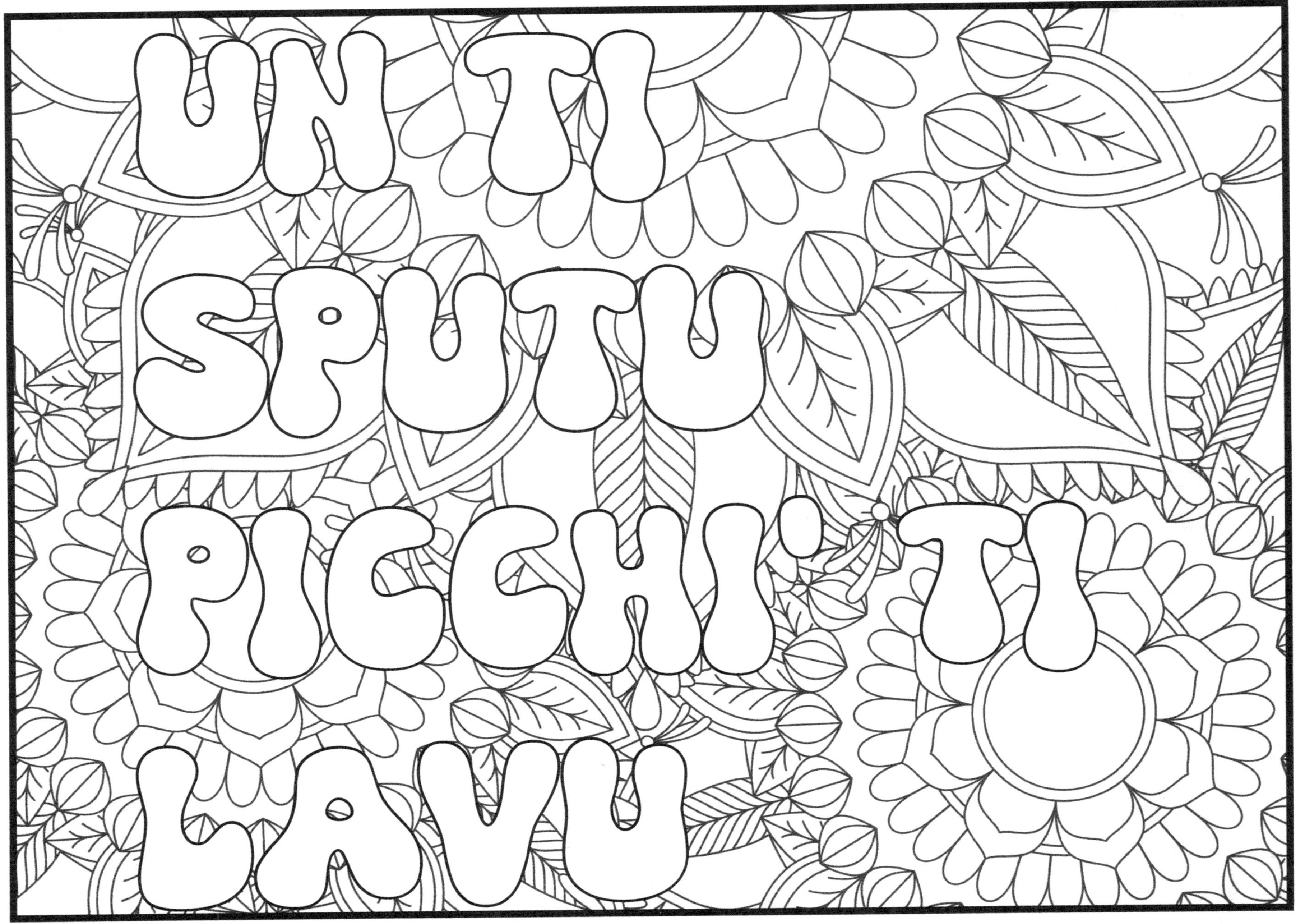
UN TI SPUTU PICCHI' TI LAVU

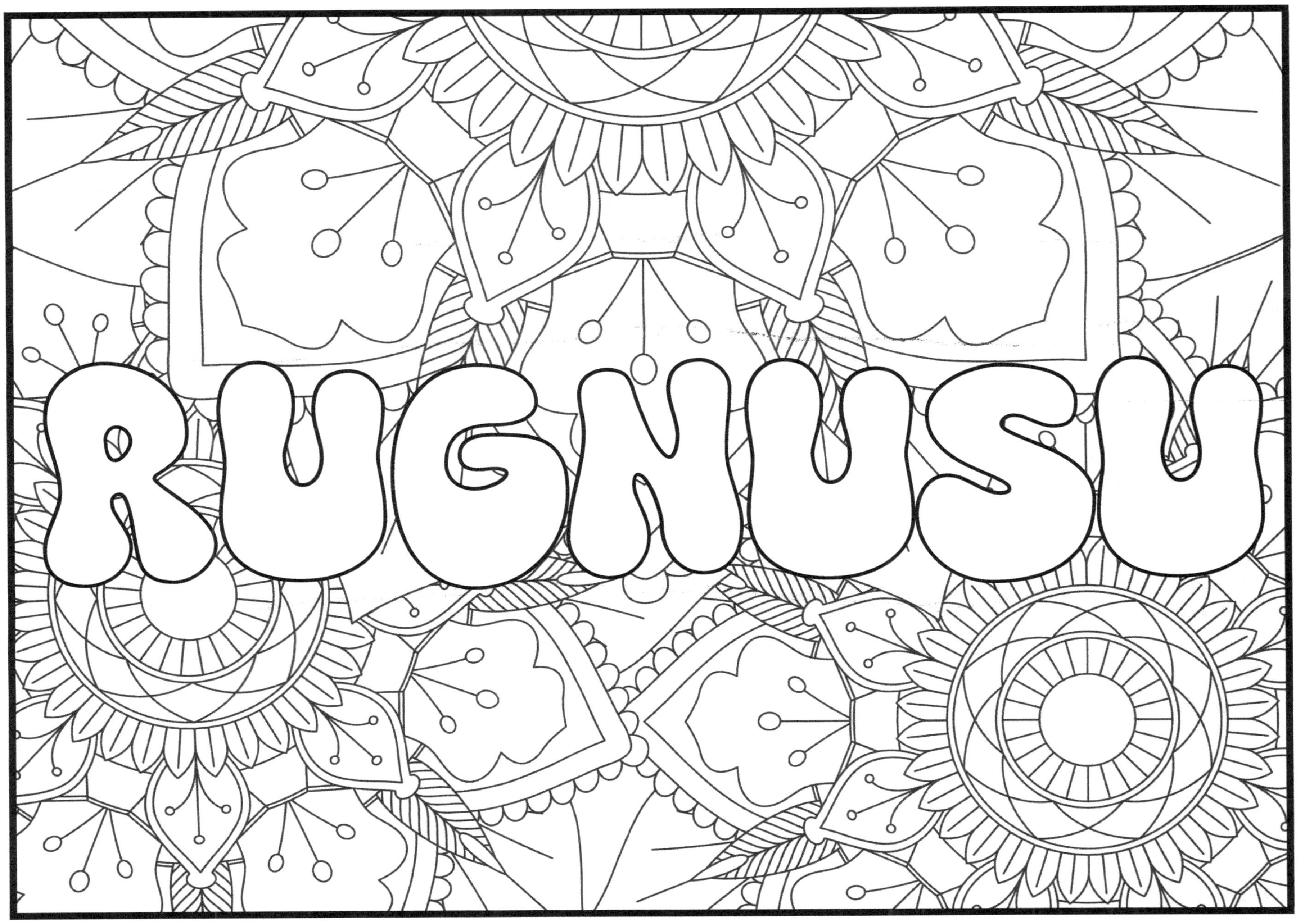
RUGNUSU

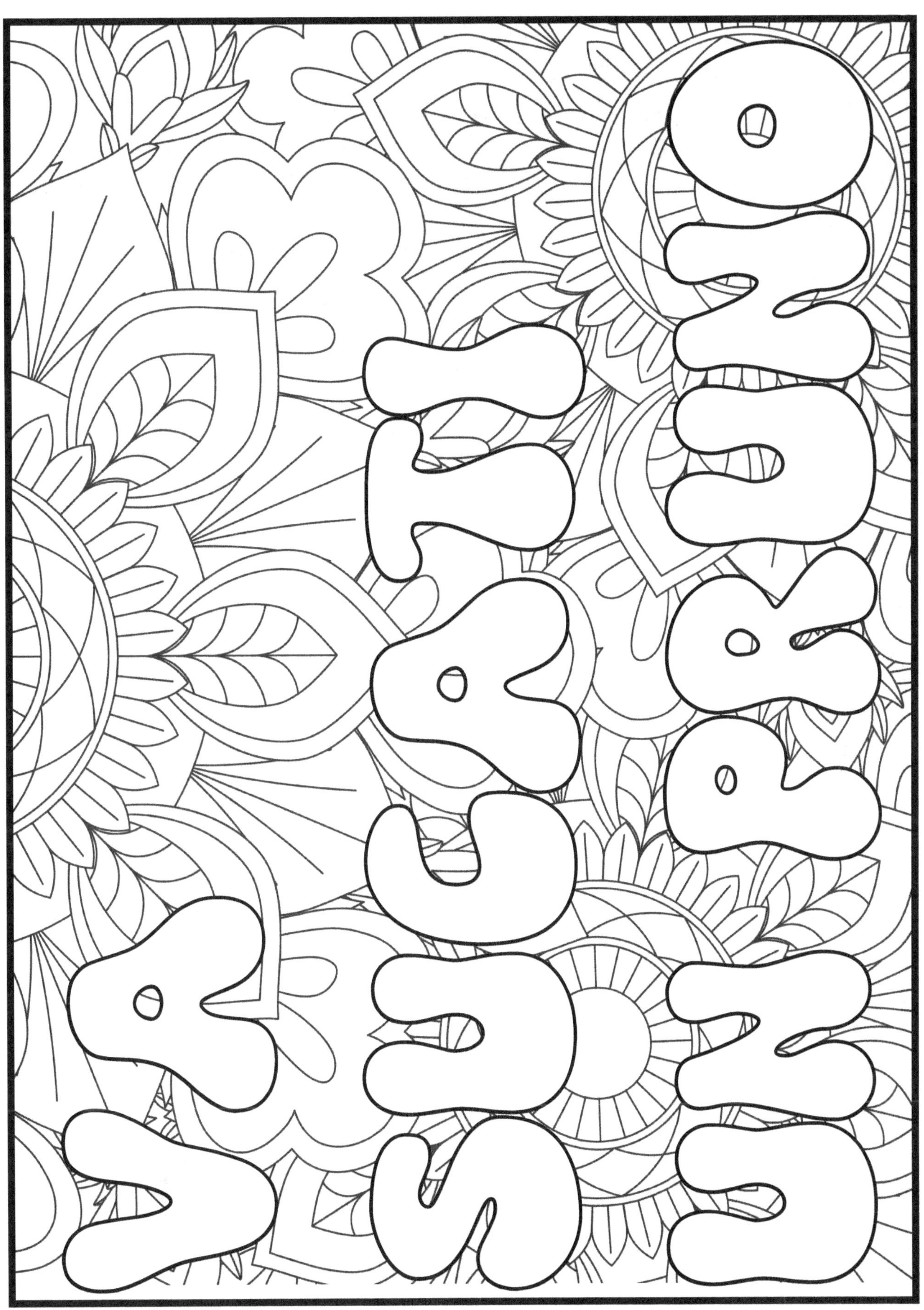

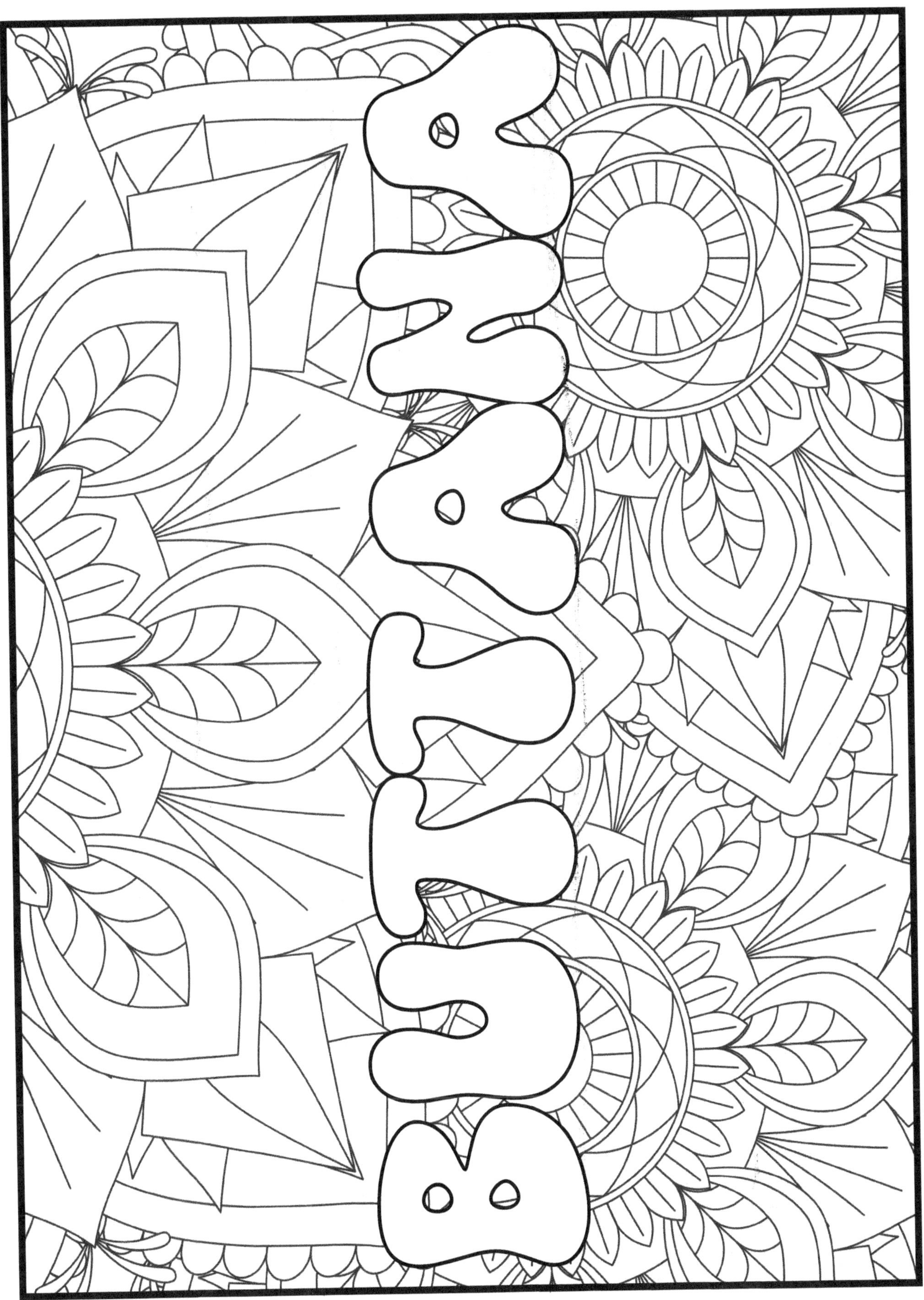

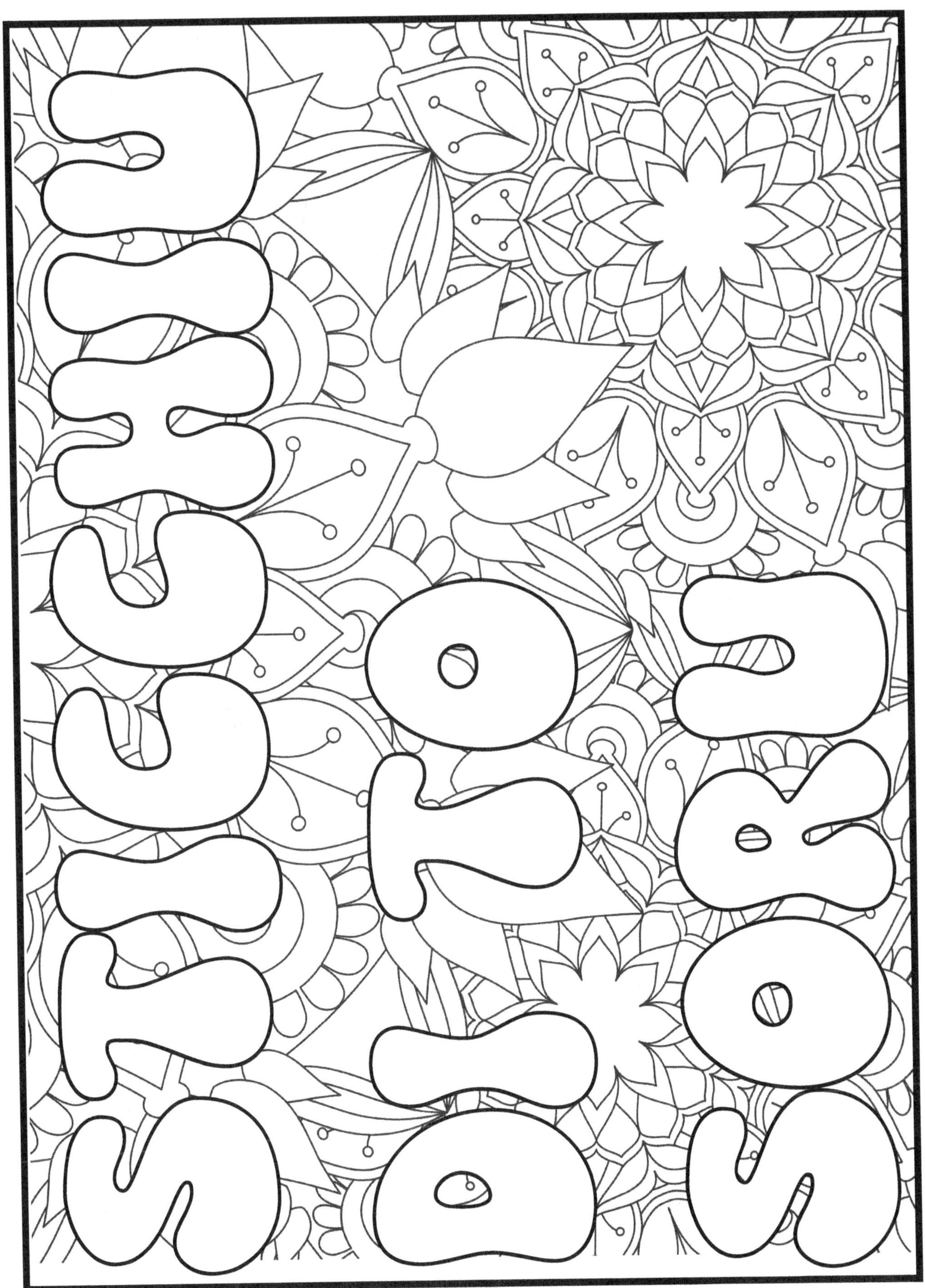

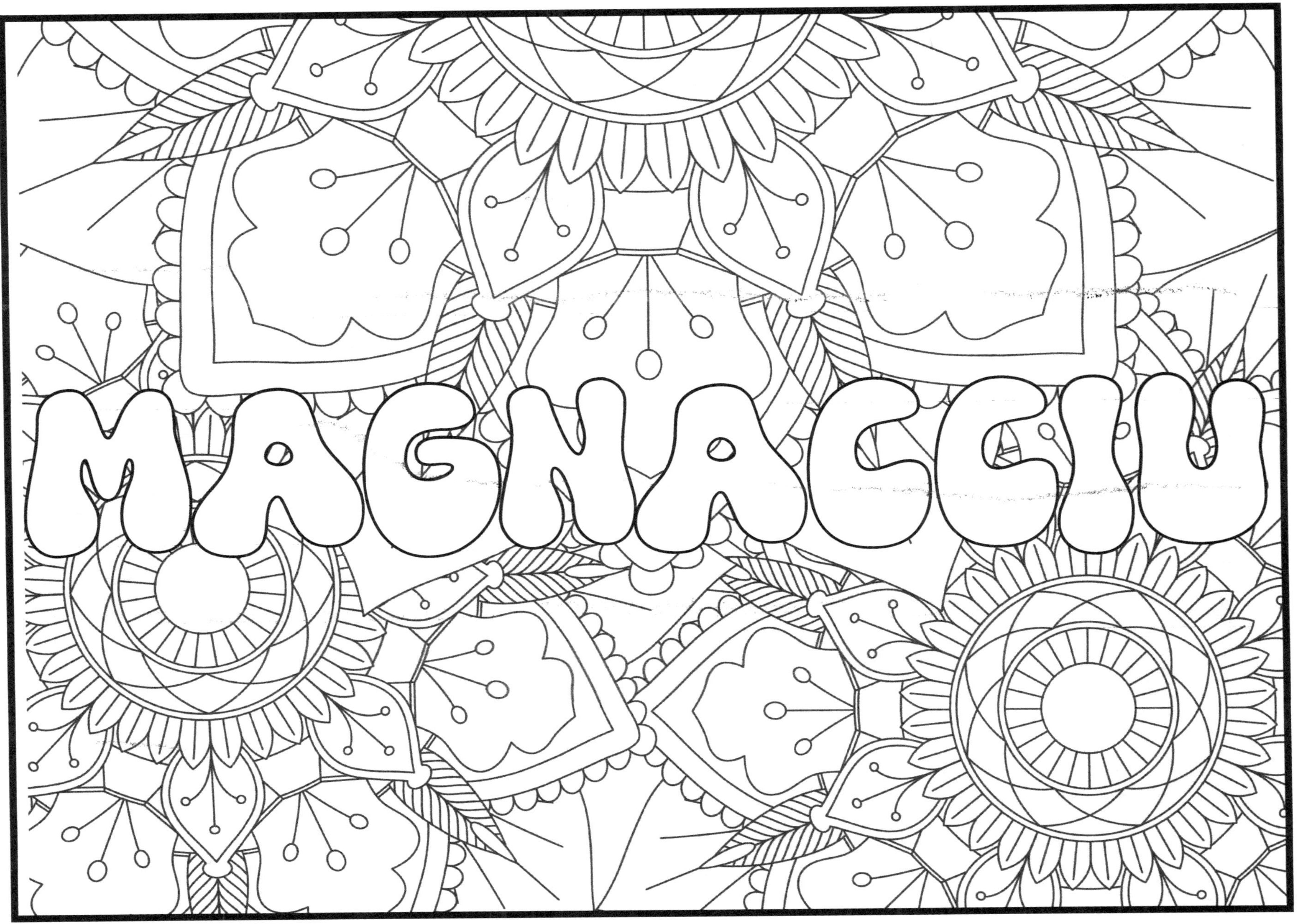
MAGNACCIU

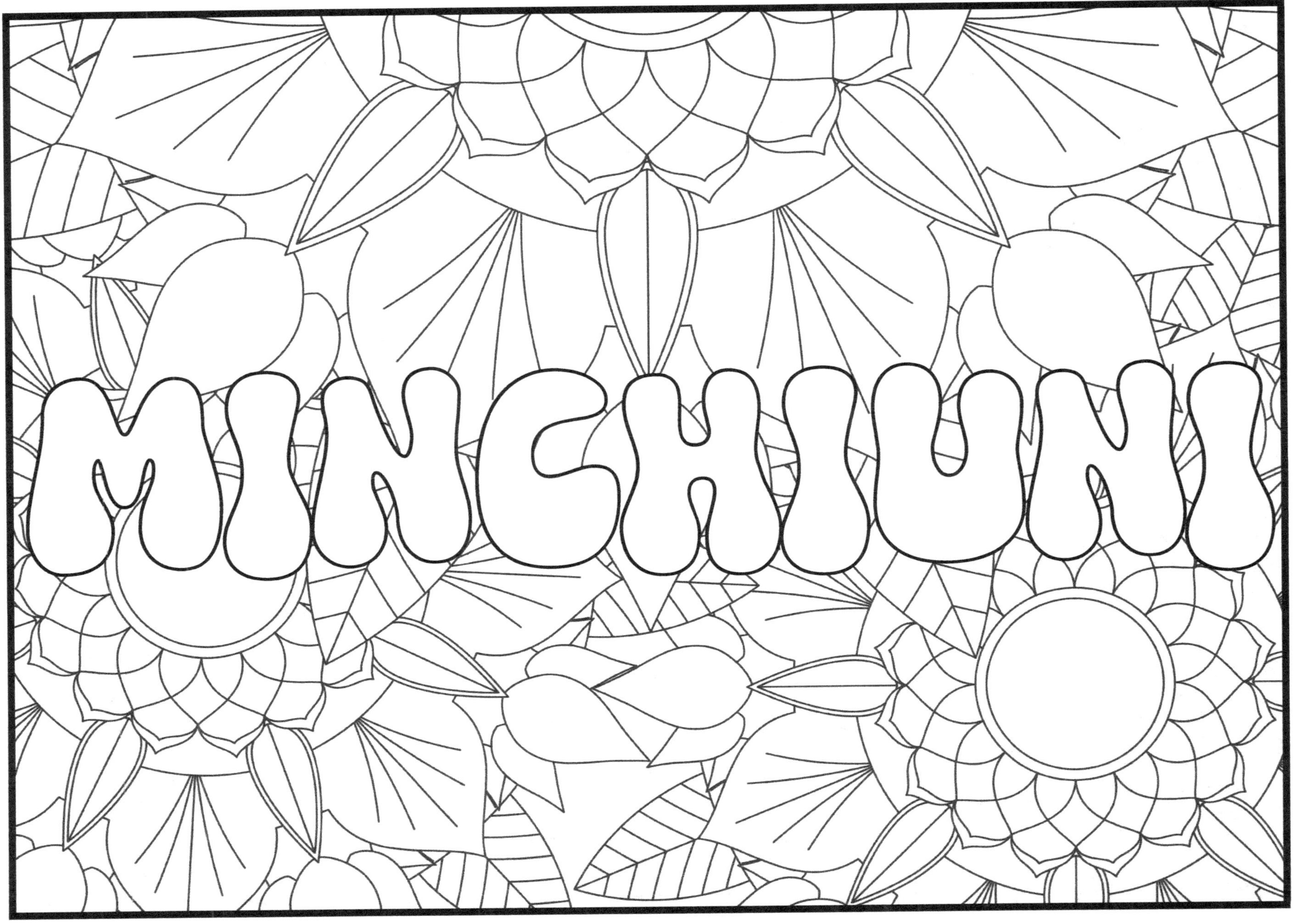
MINCHIUNI

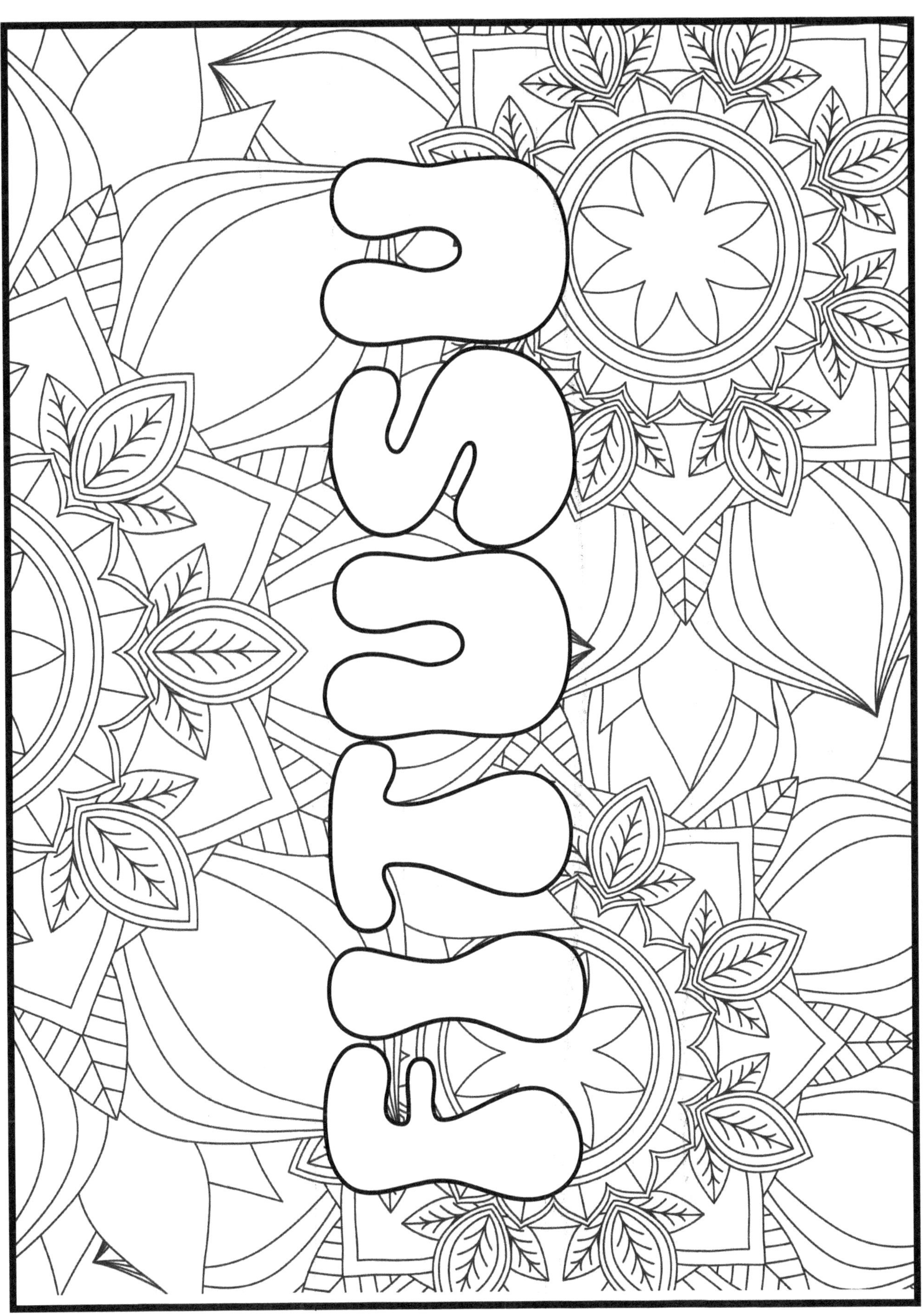

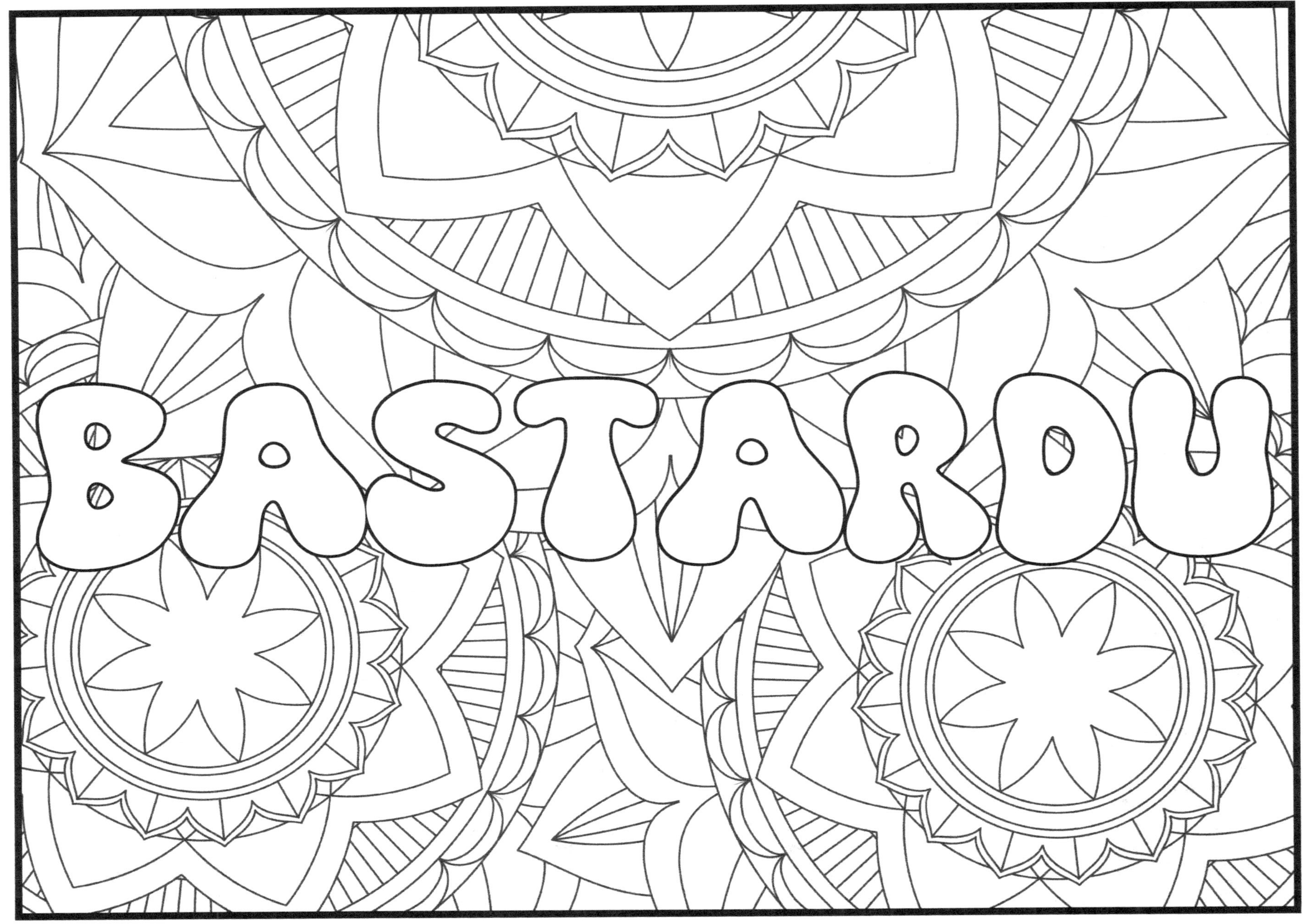
BASTARDU

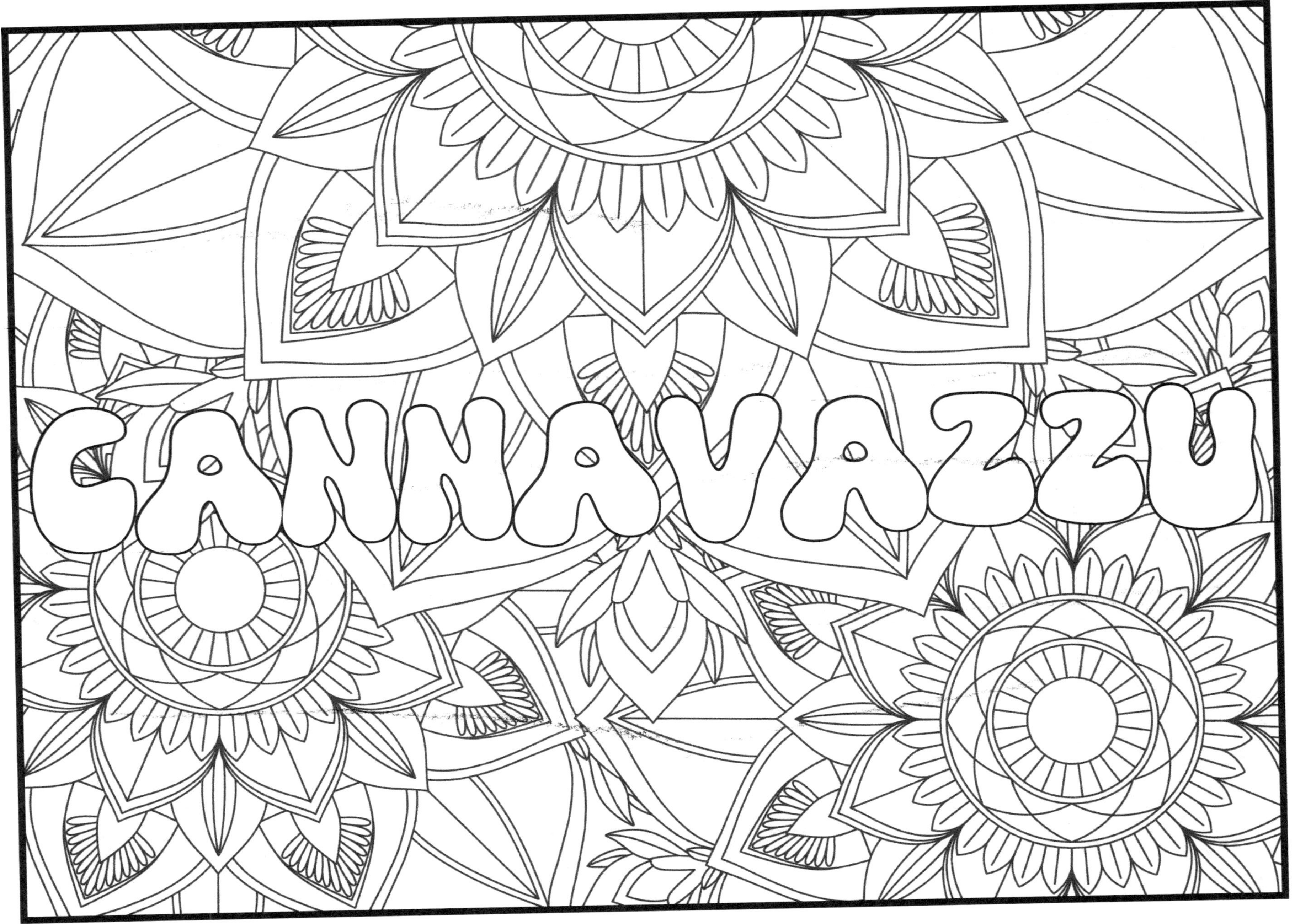

CANNAVAZZU

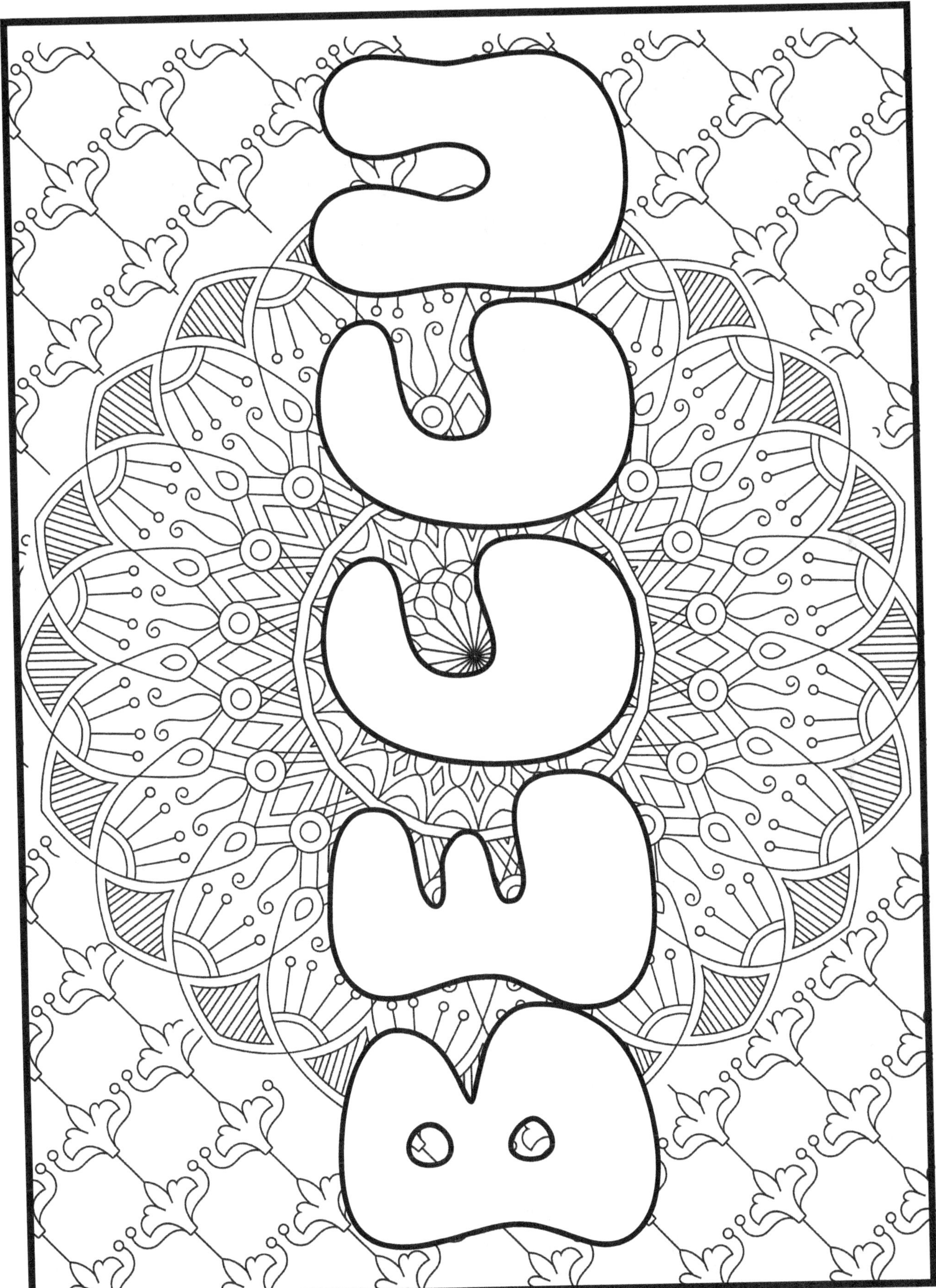

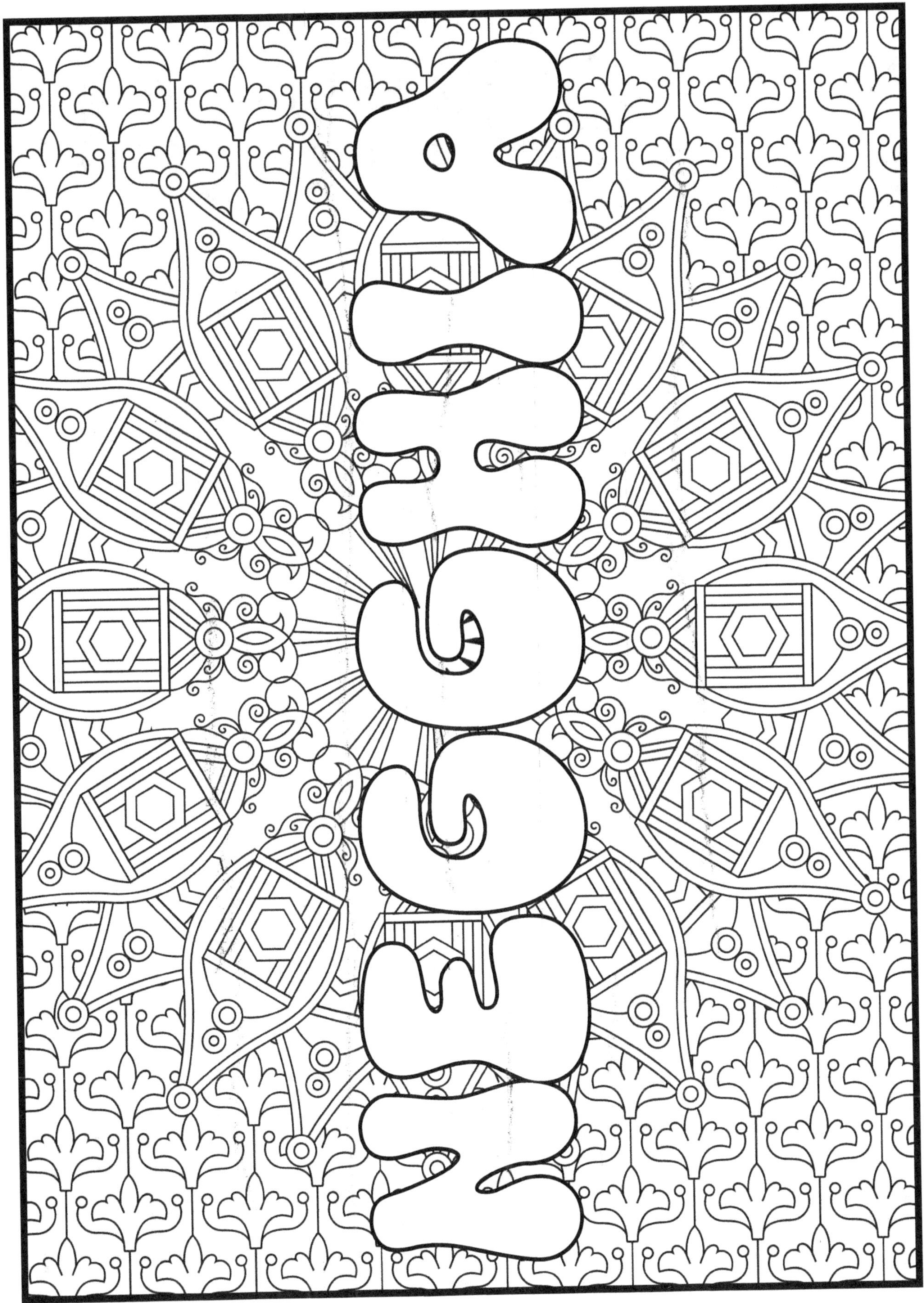

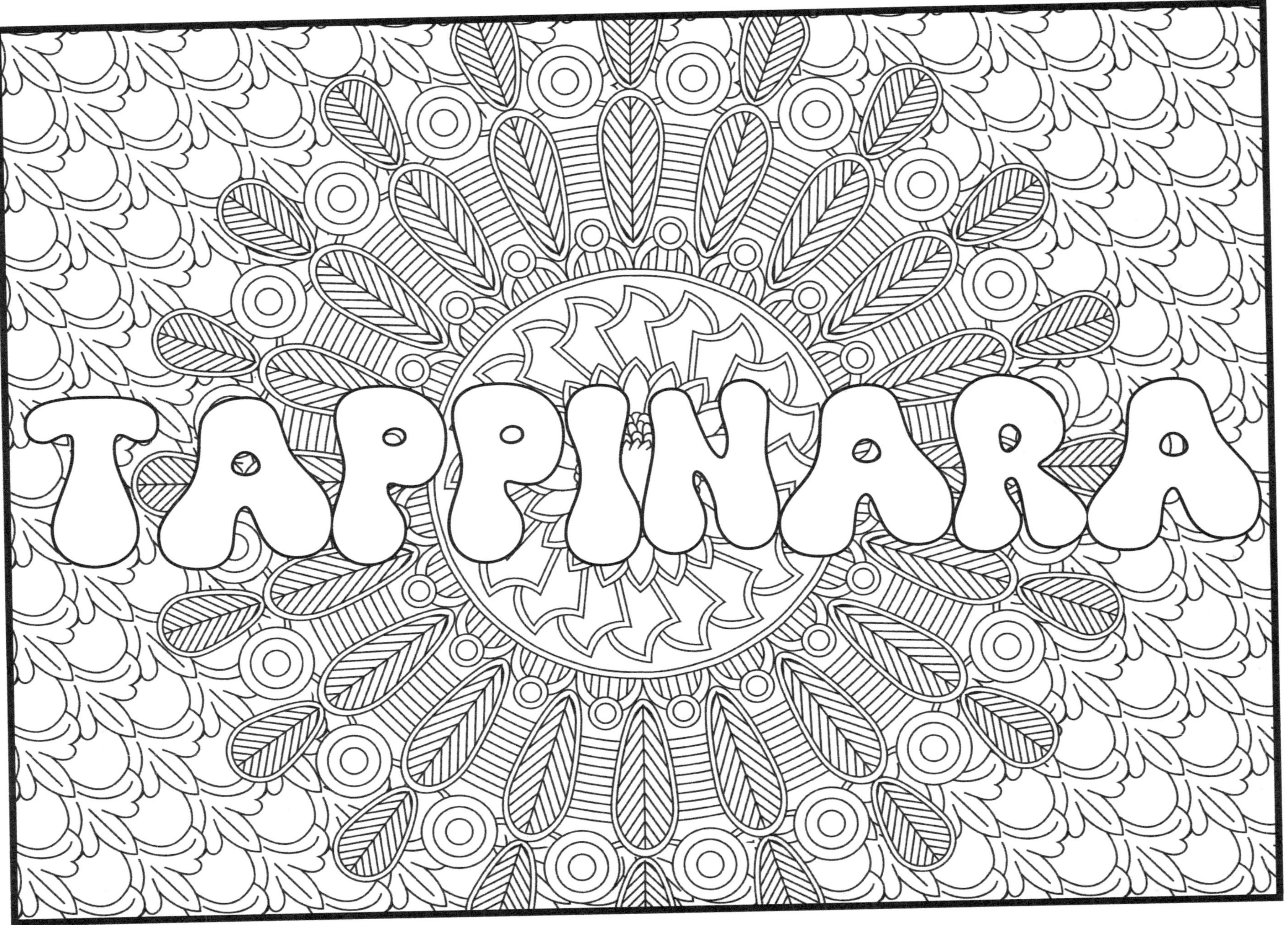
TAPPINARA

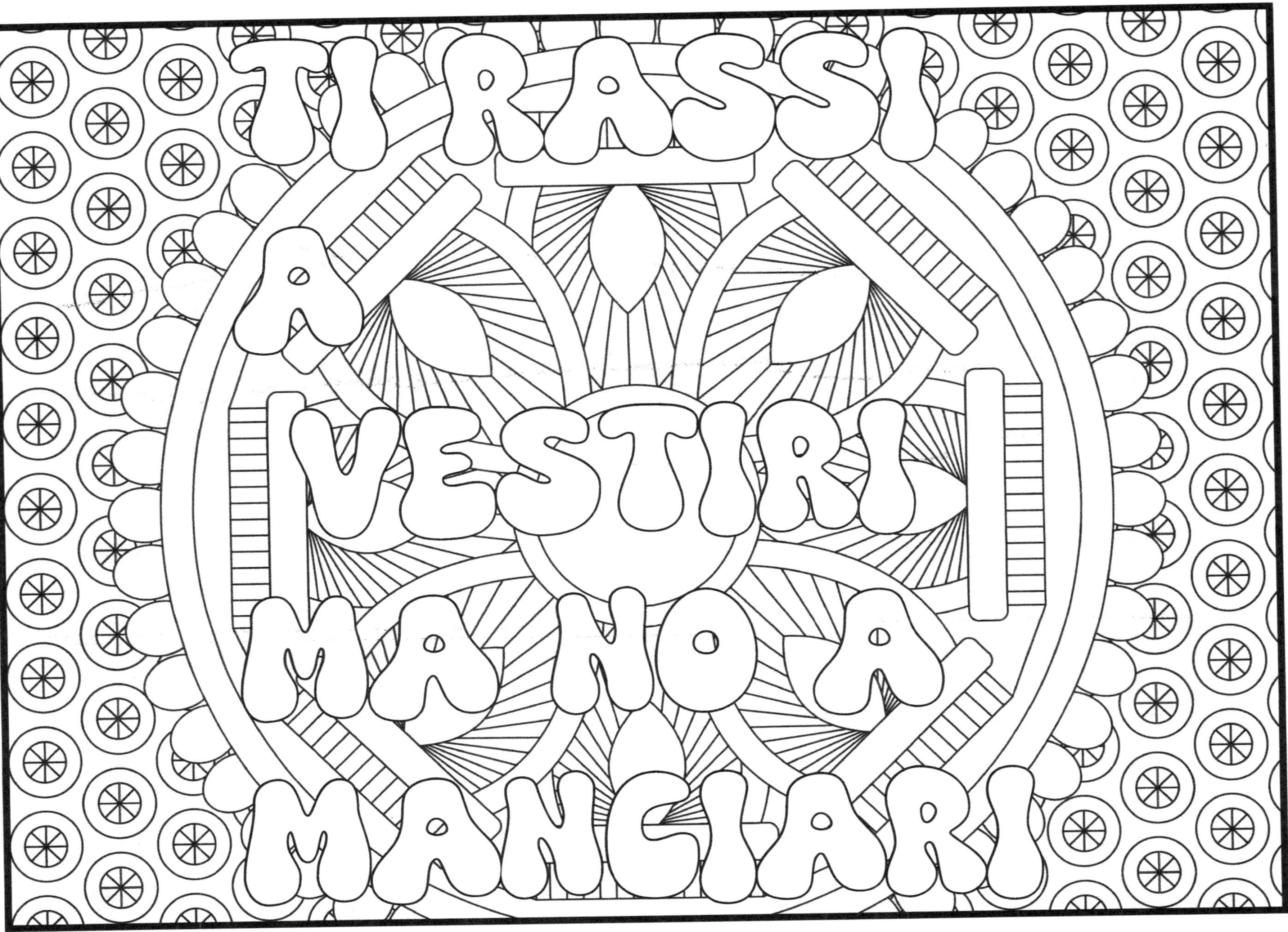

TI RASSI
A VESTIRI
MA NO A
MANCIARI

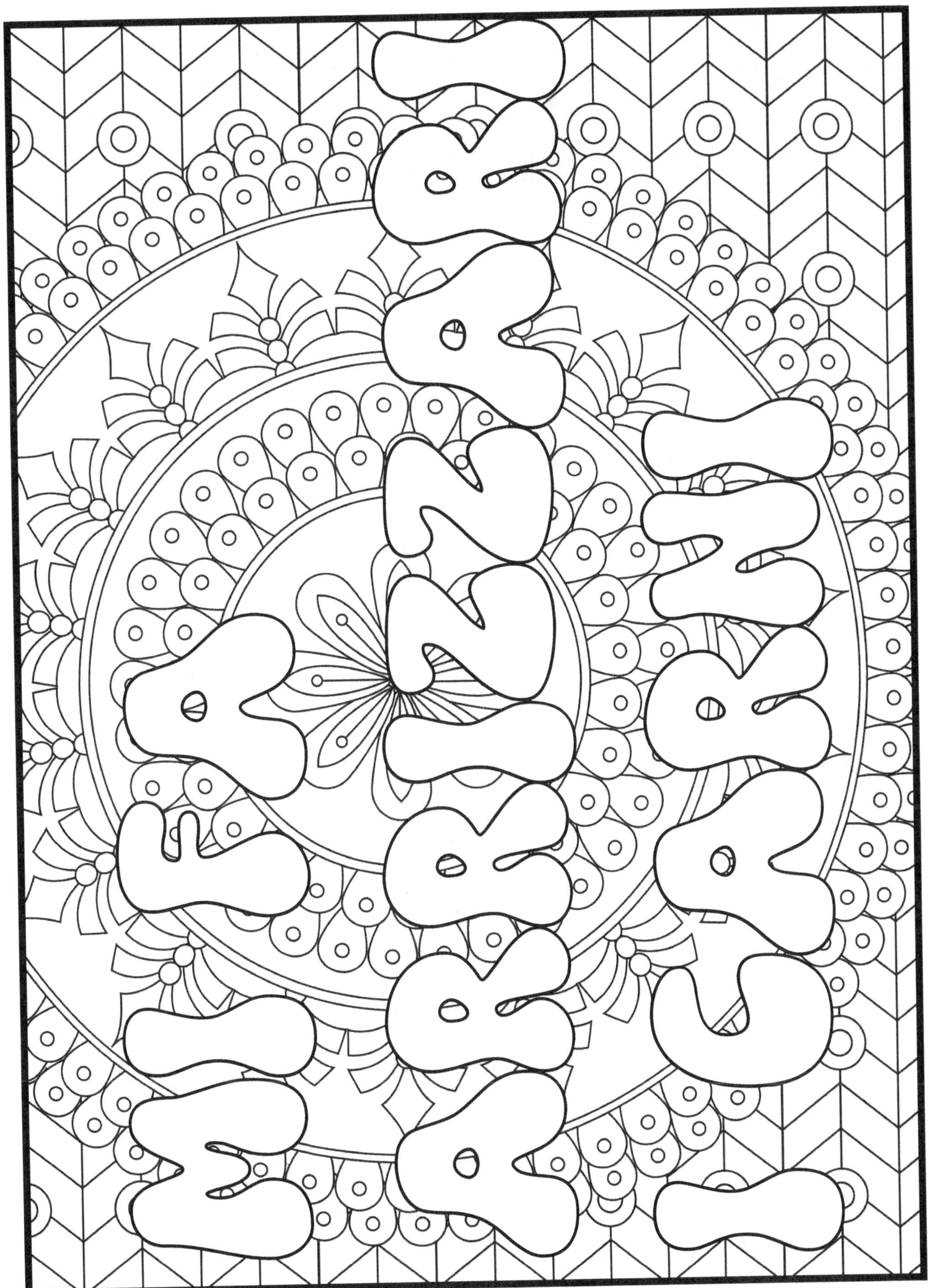

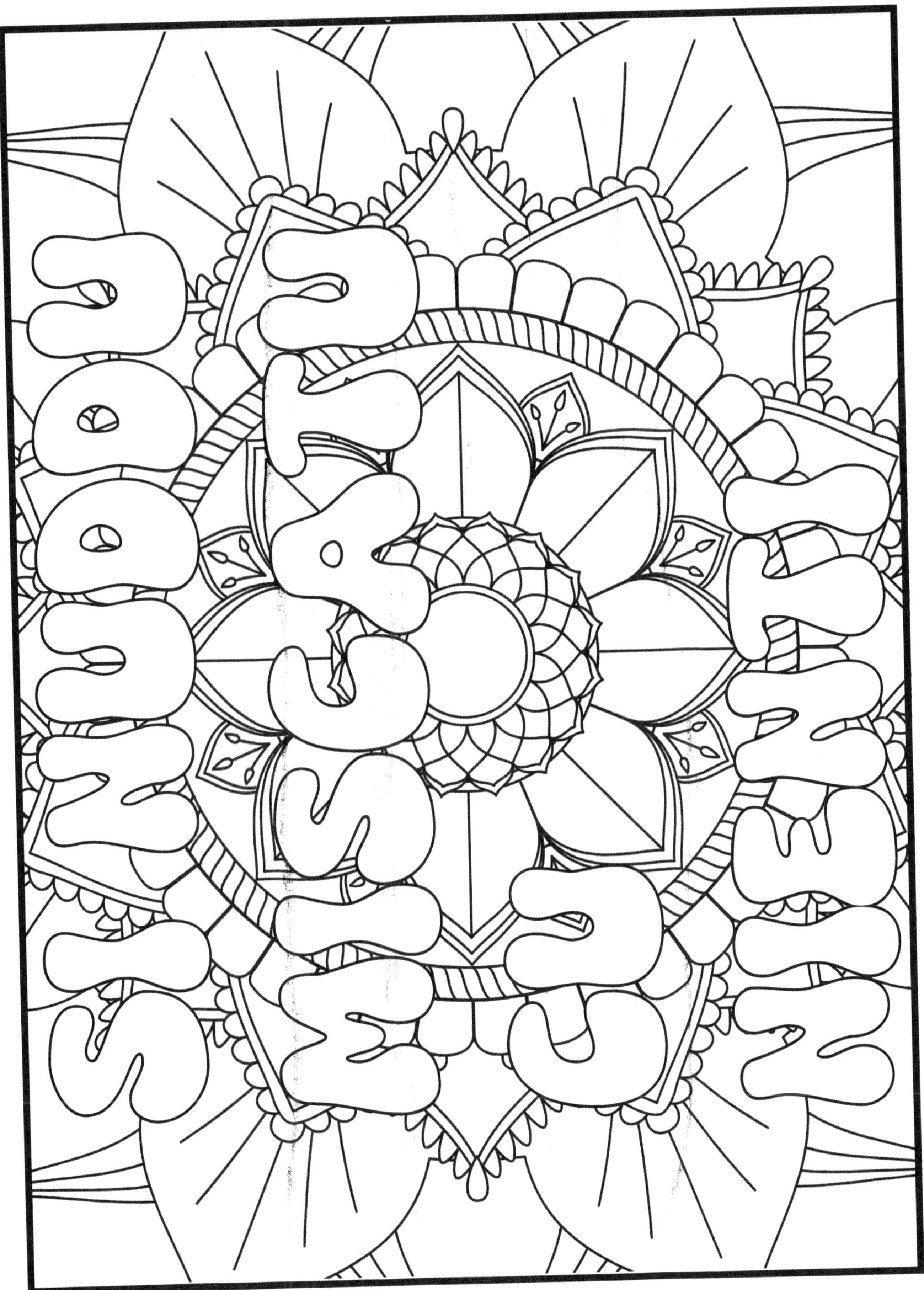

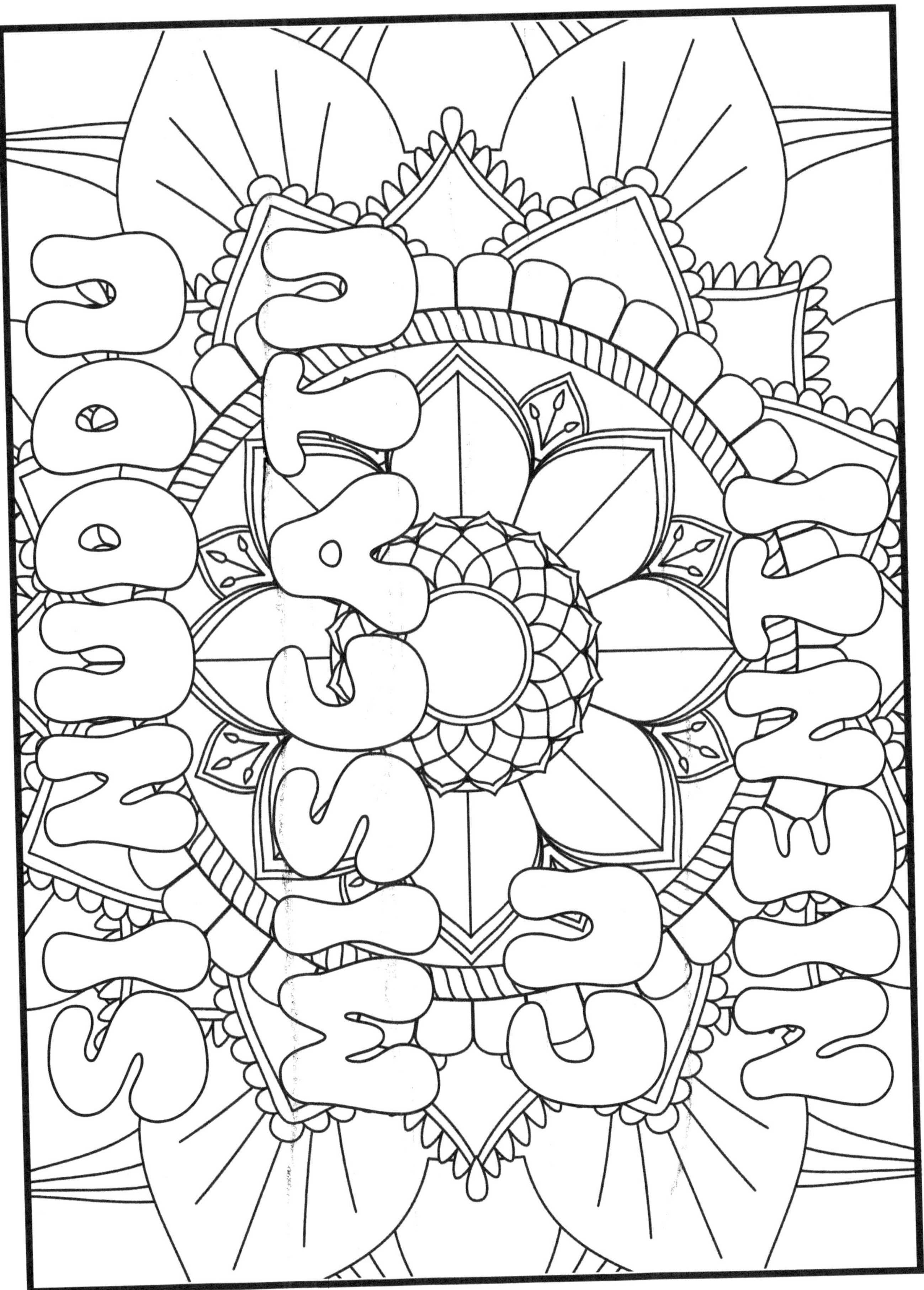

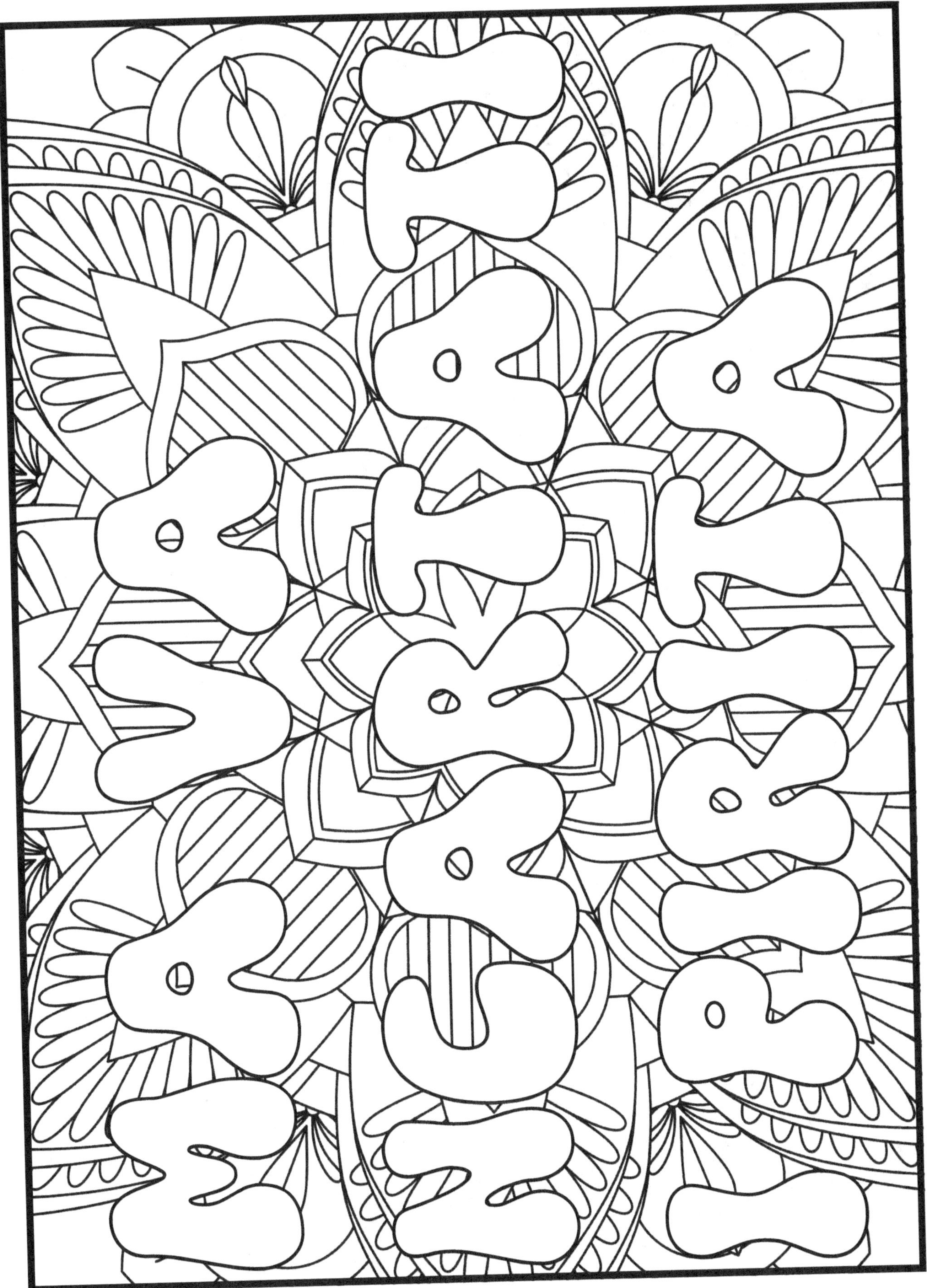

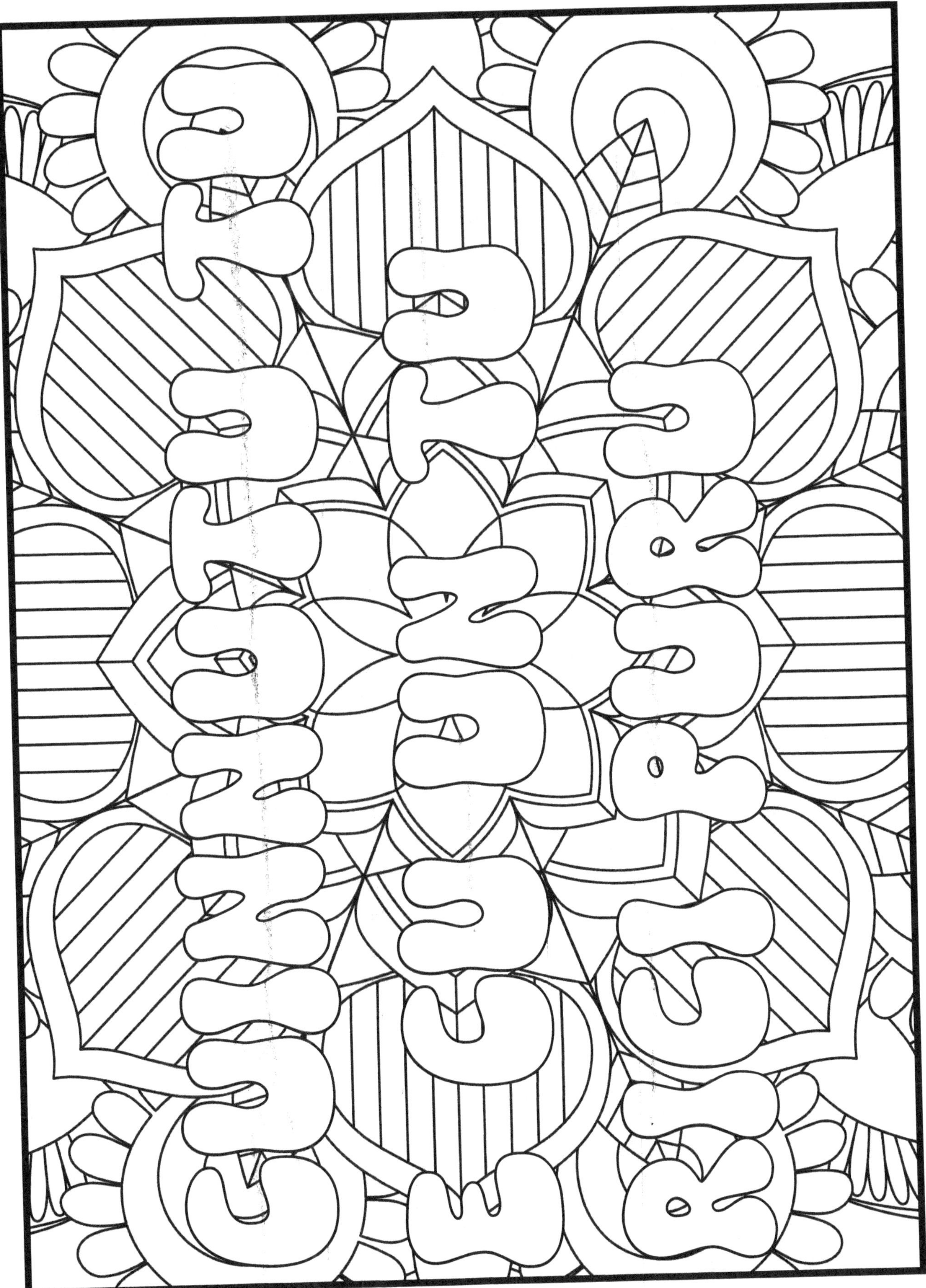

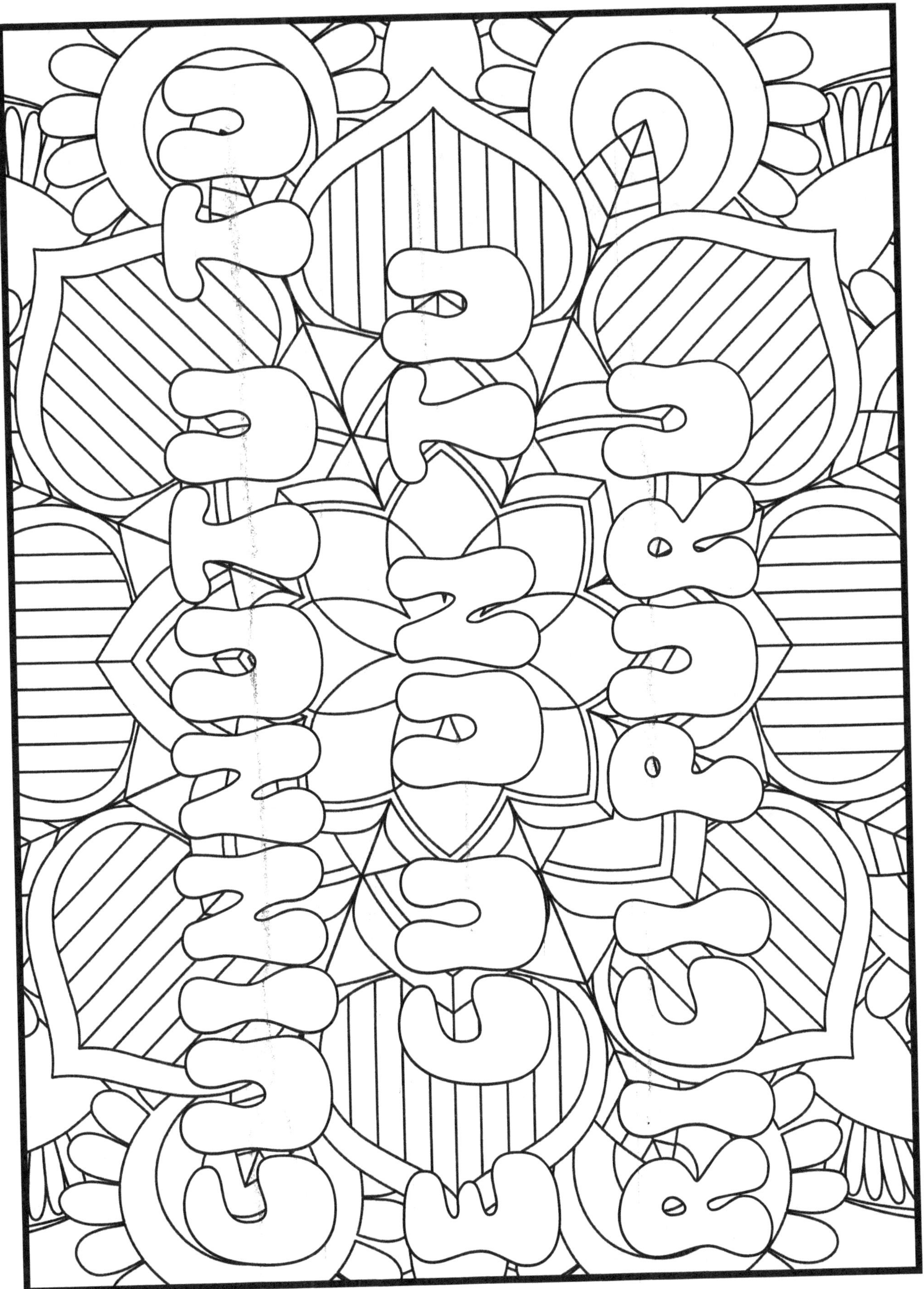

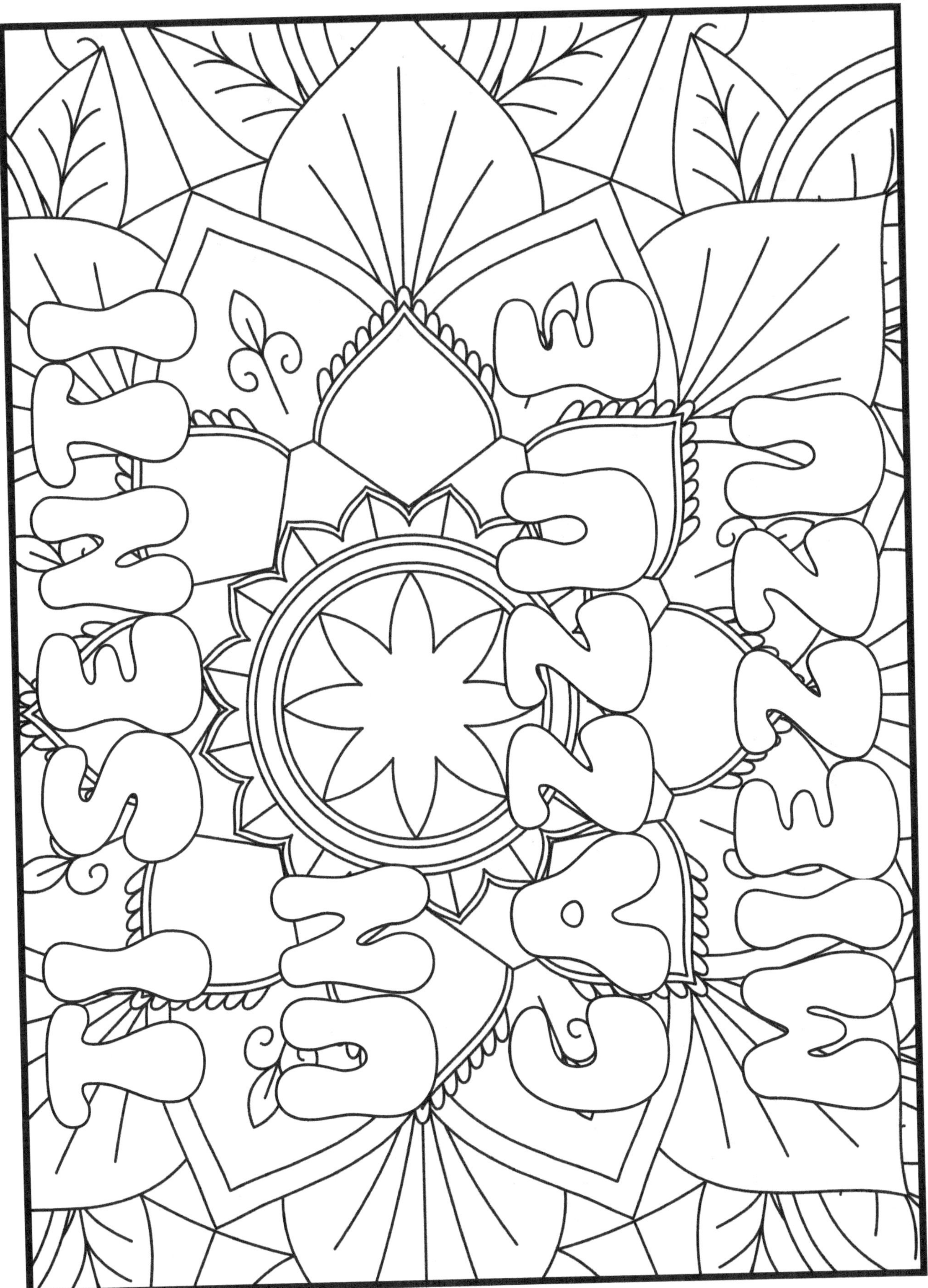

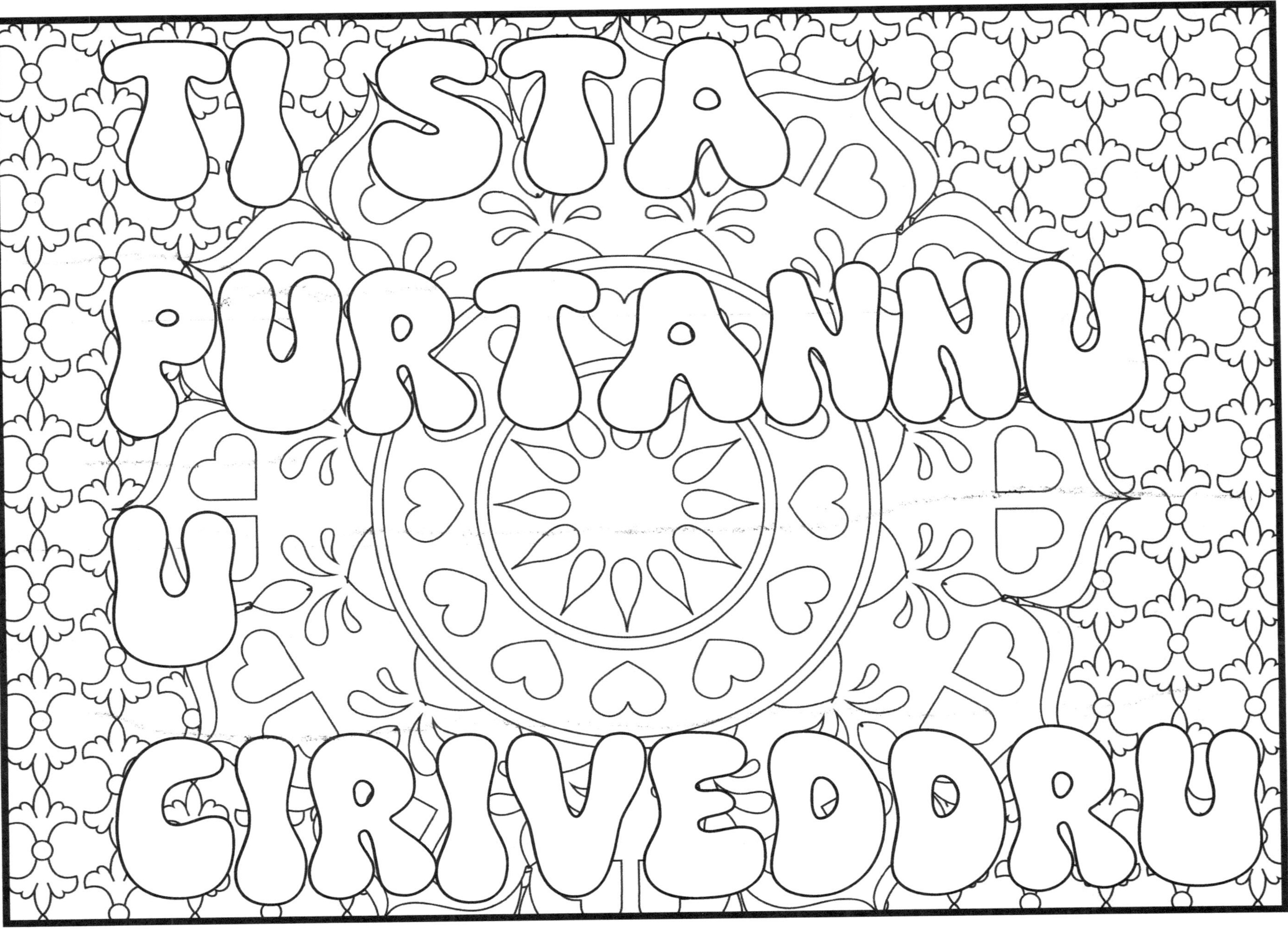
TI STA PURTANNU U CIRIVEDDRU

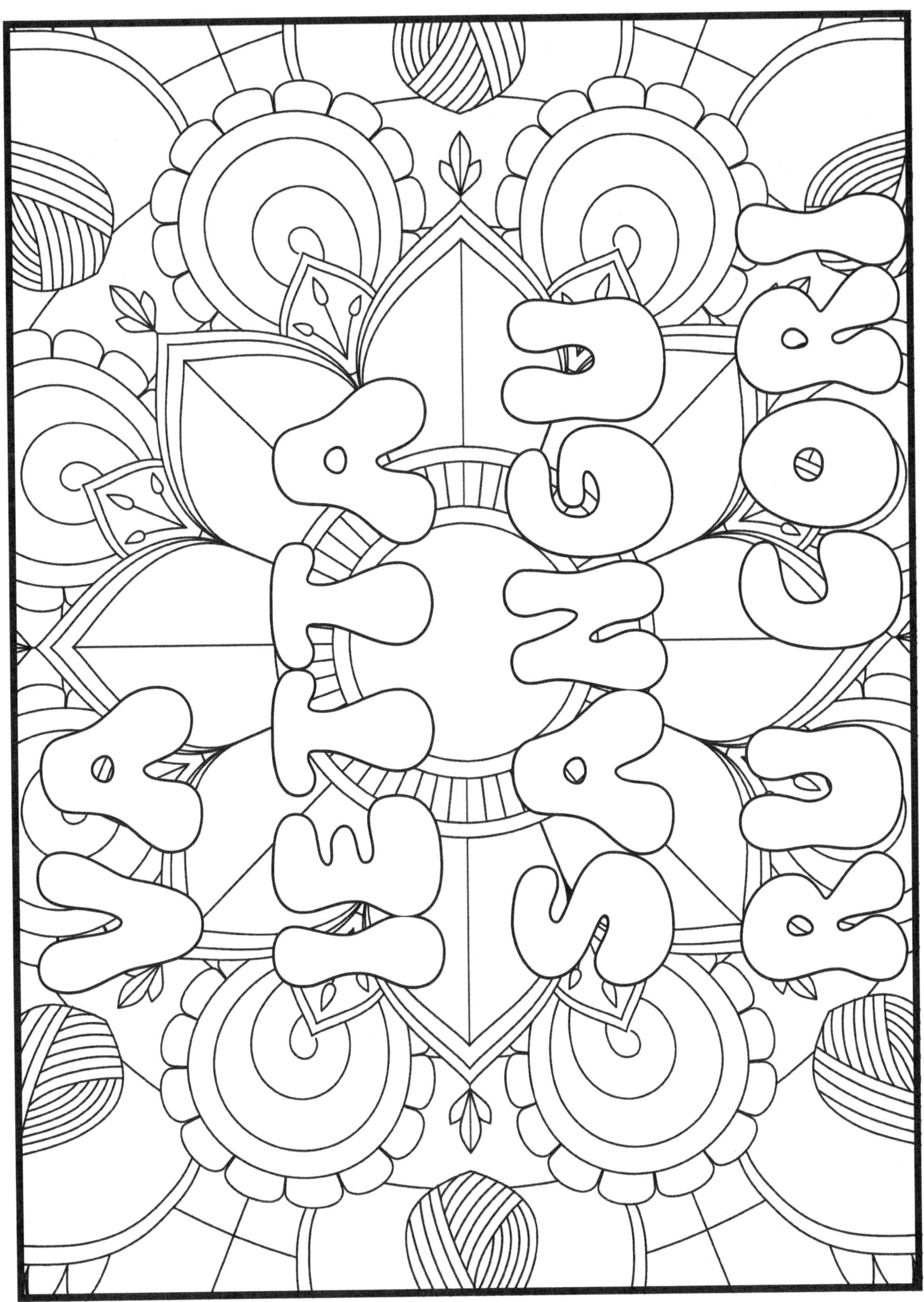

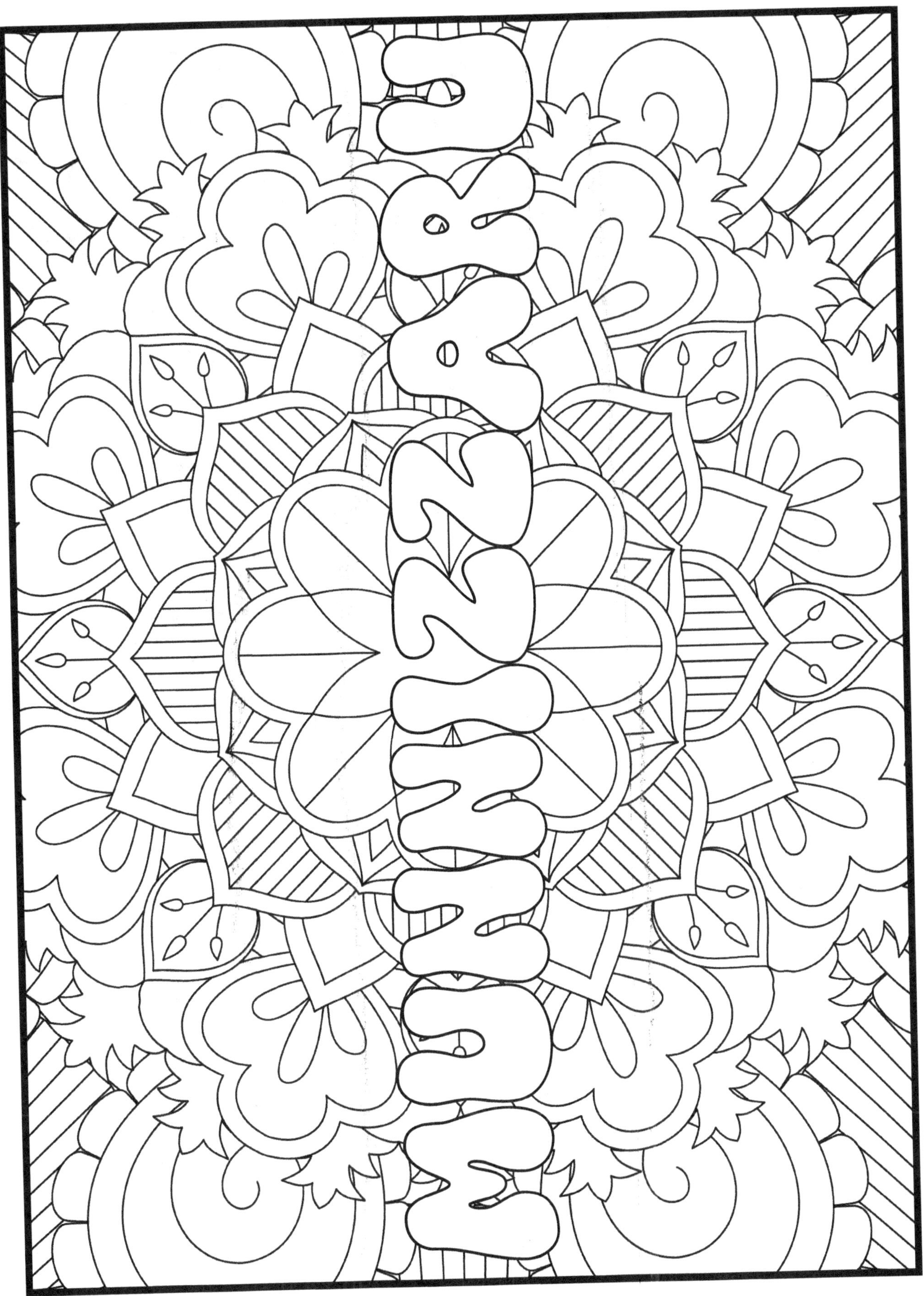

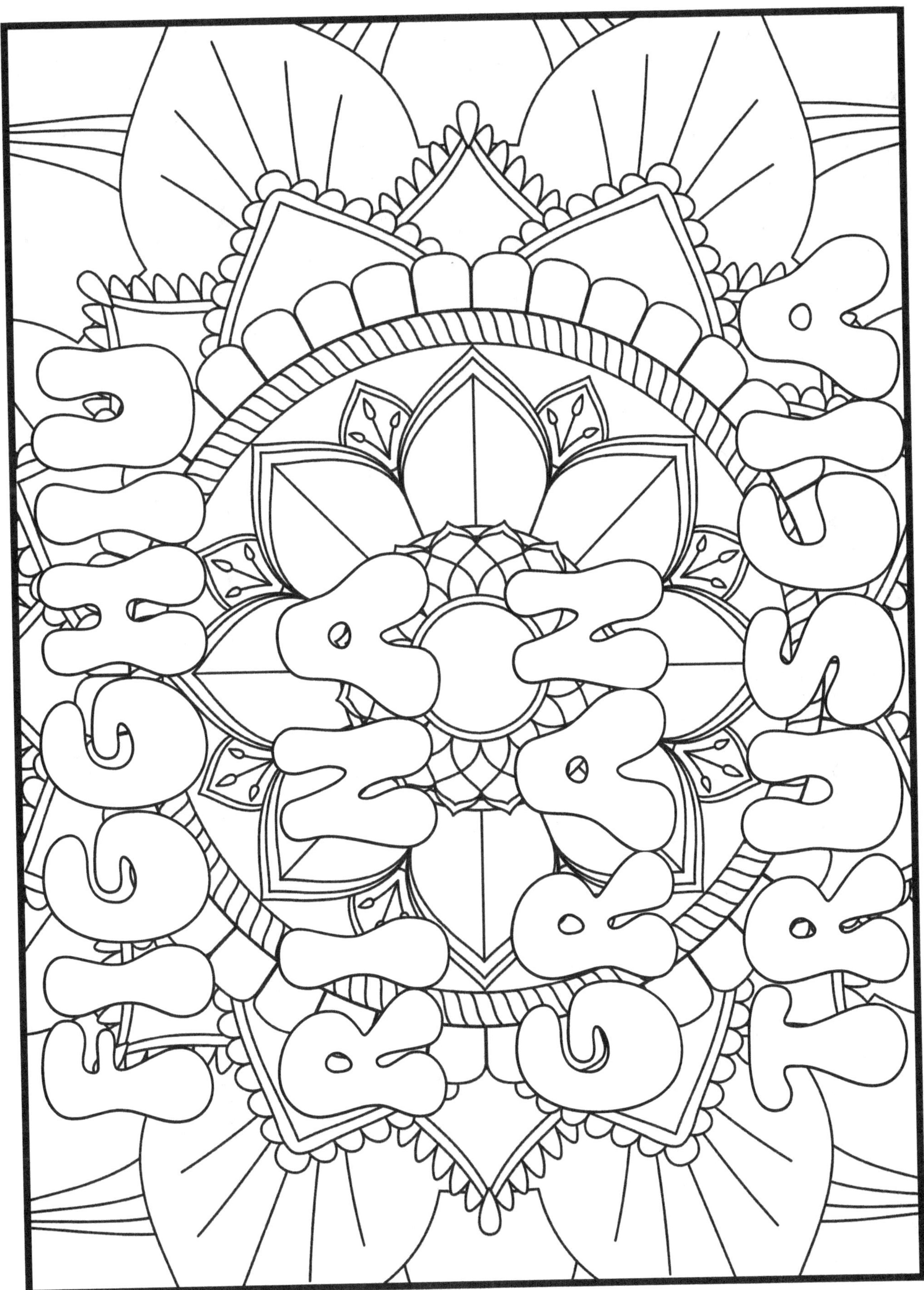

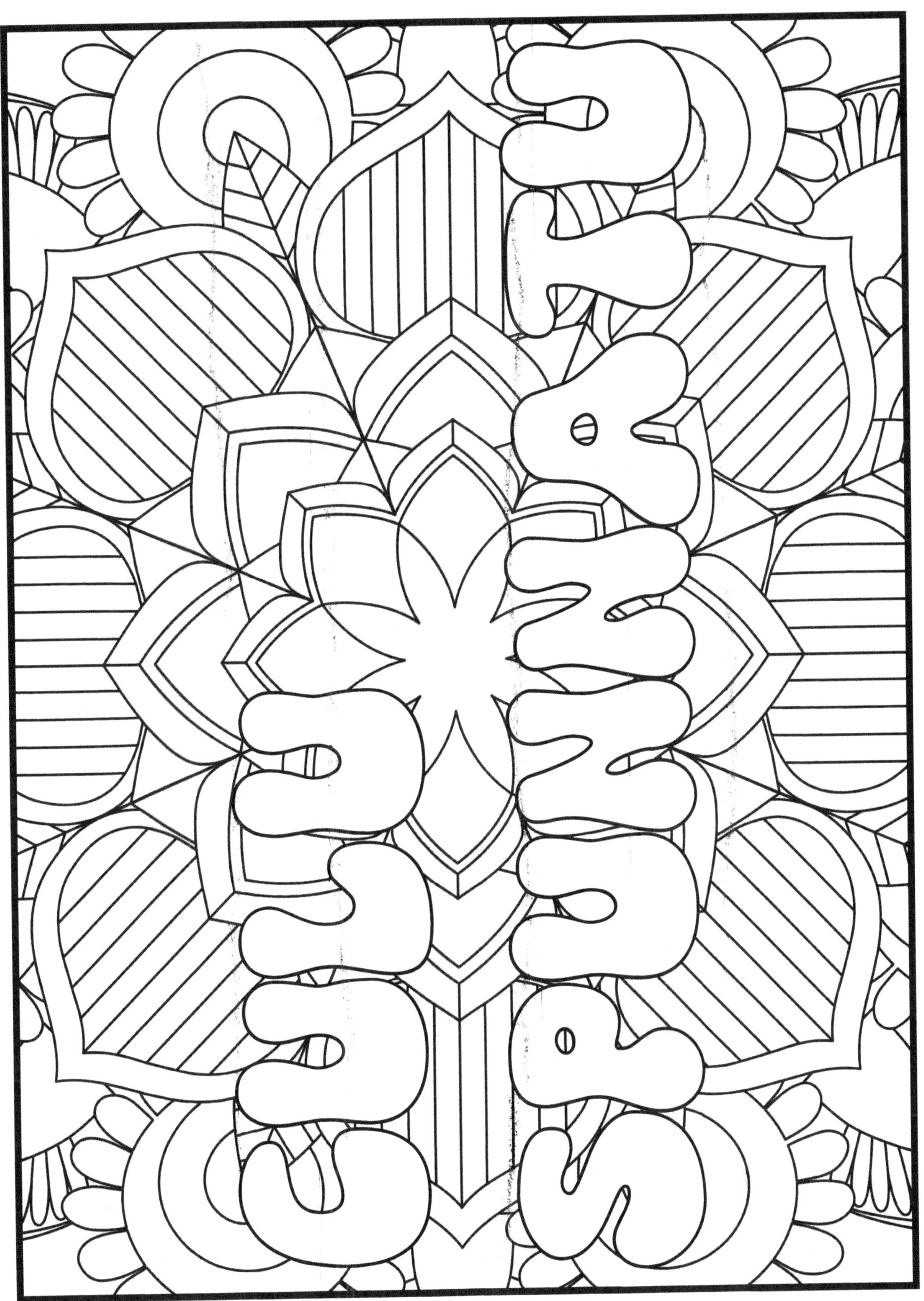

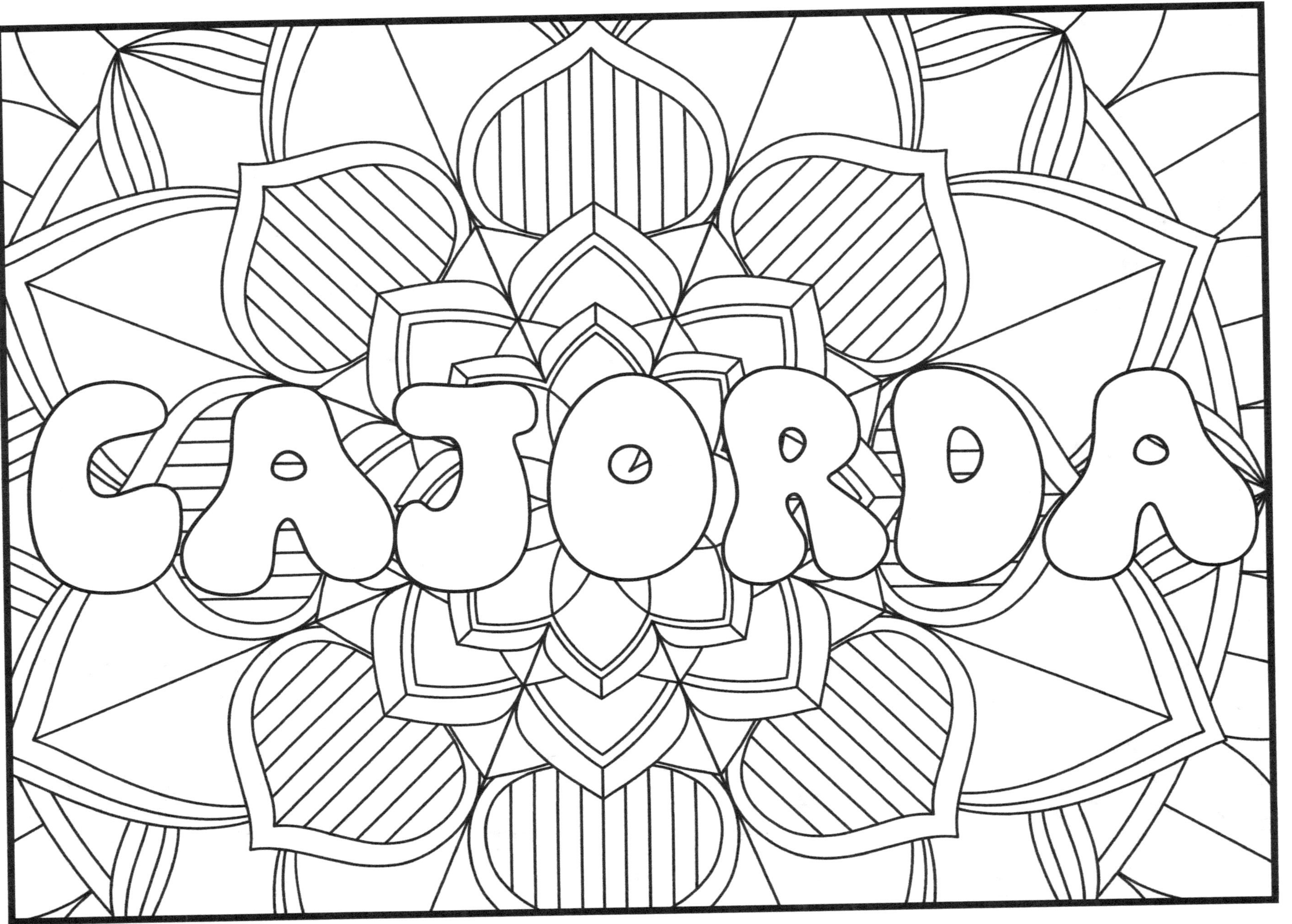
CAJORDA

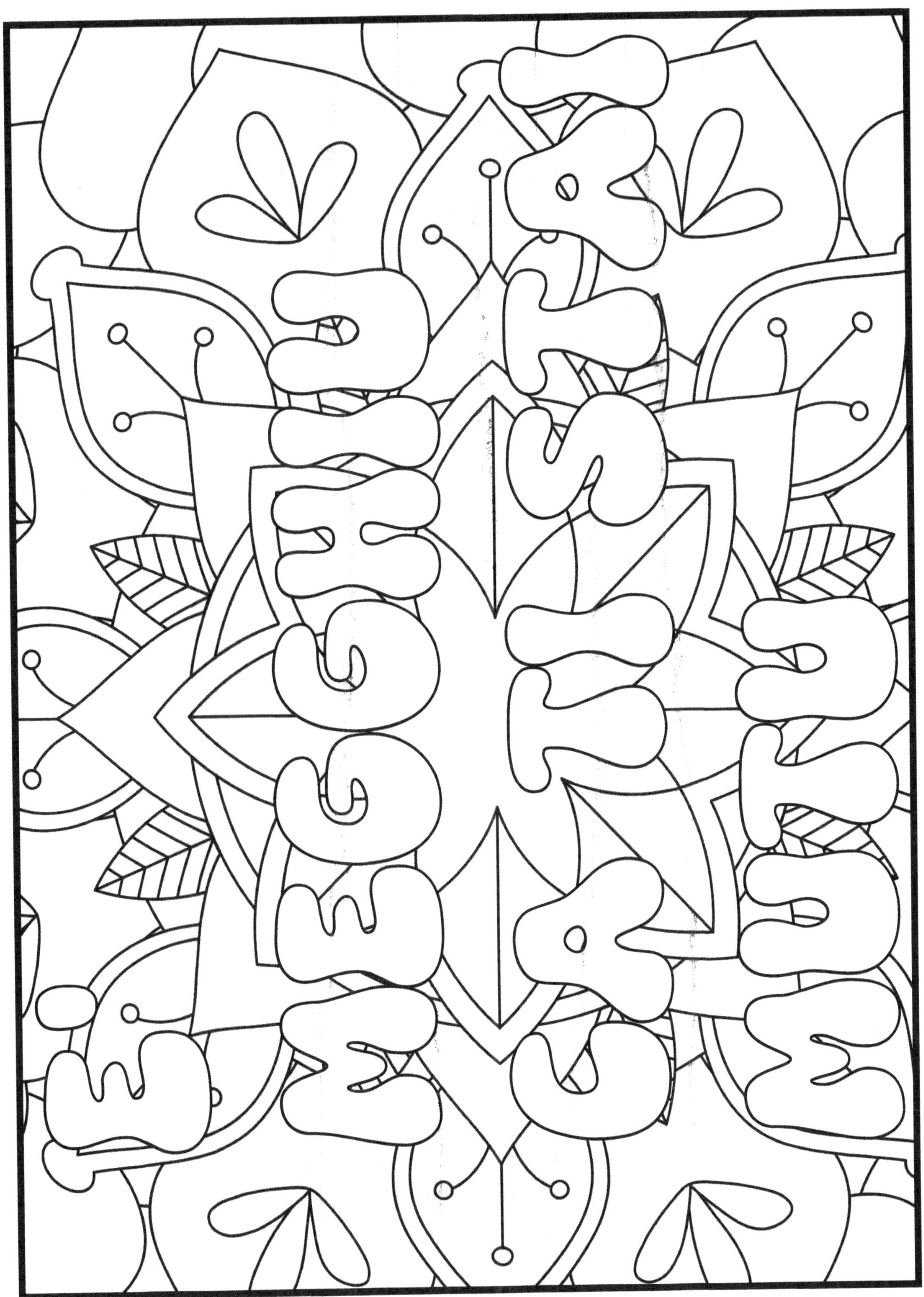

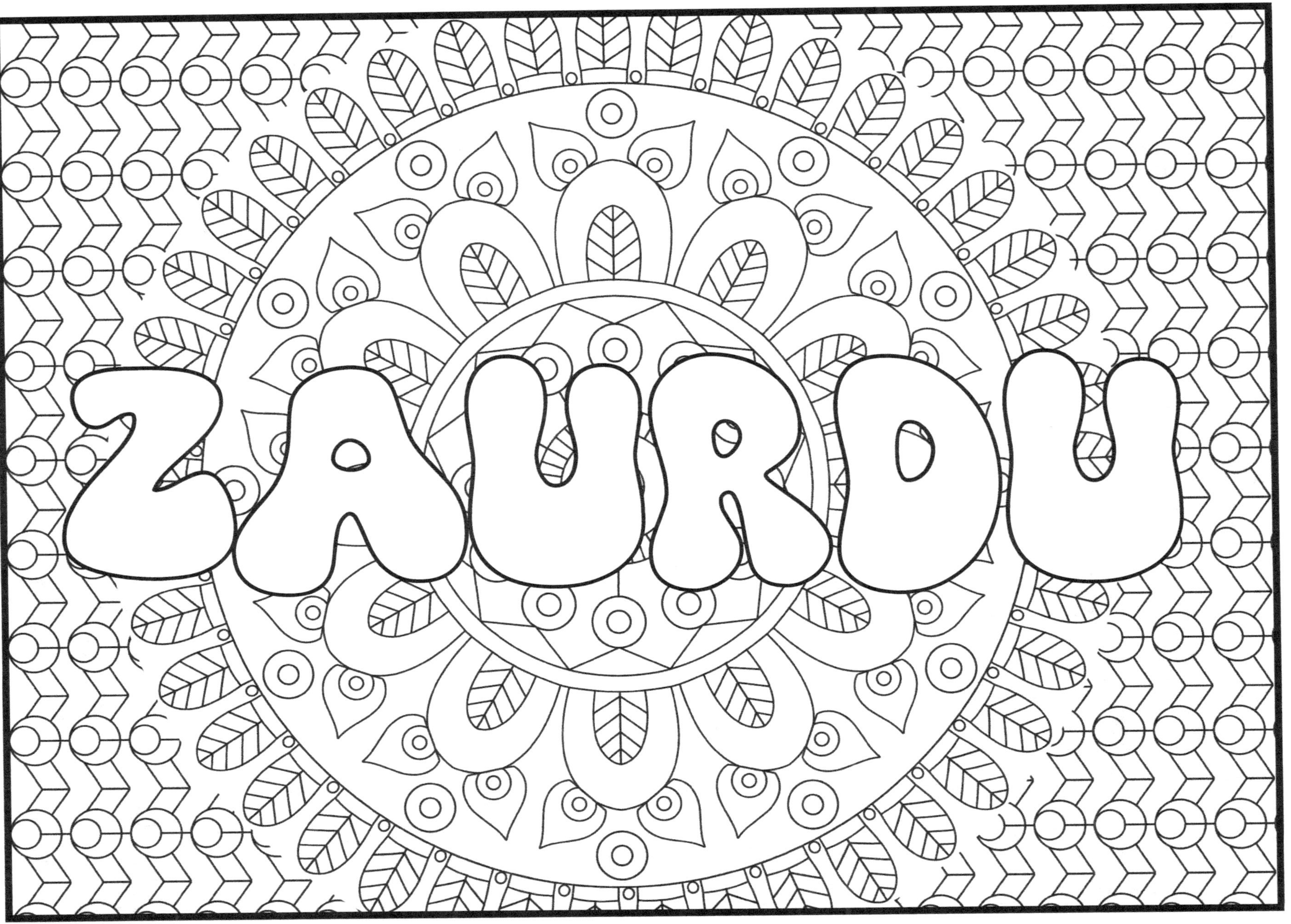

ZAURDU

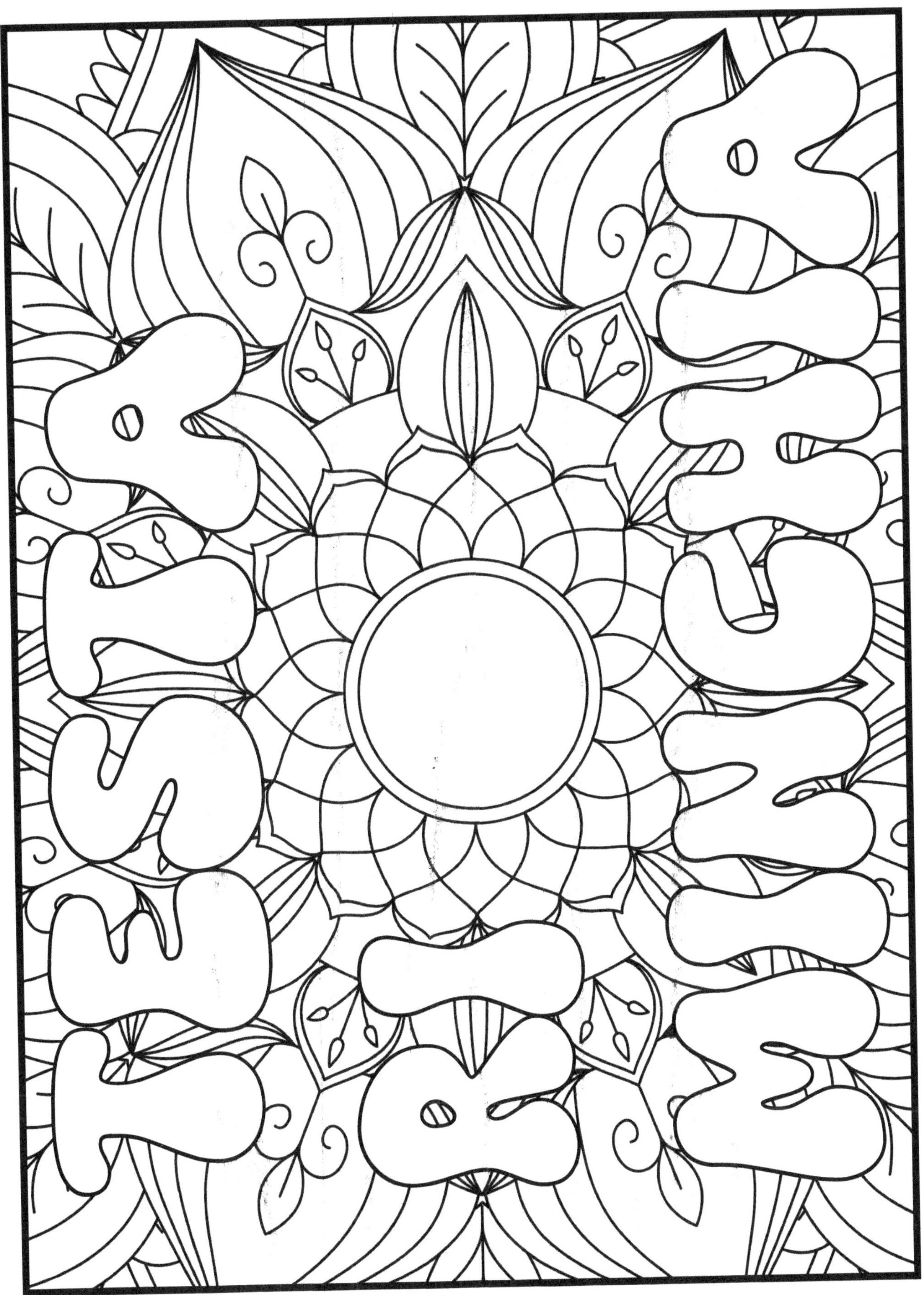

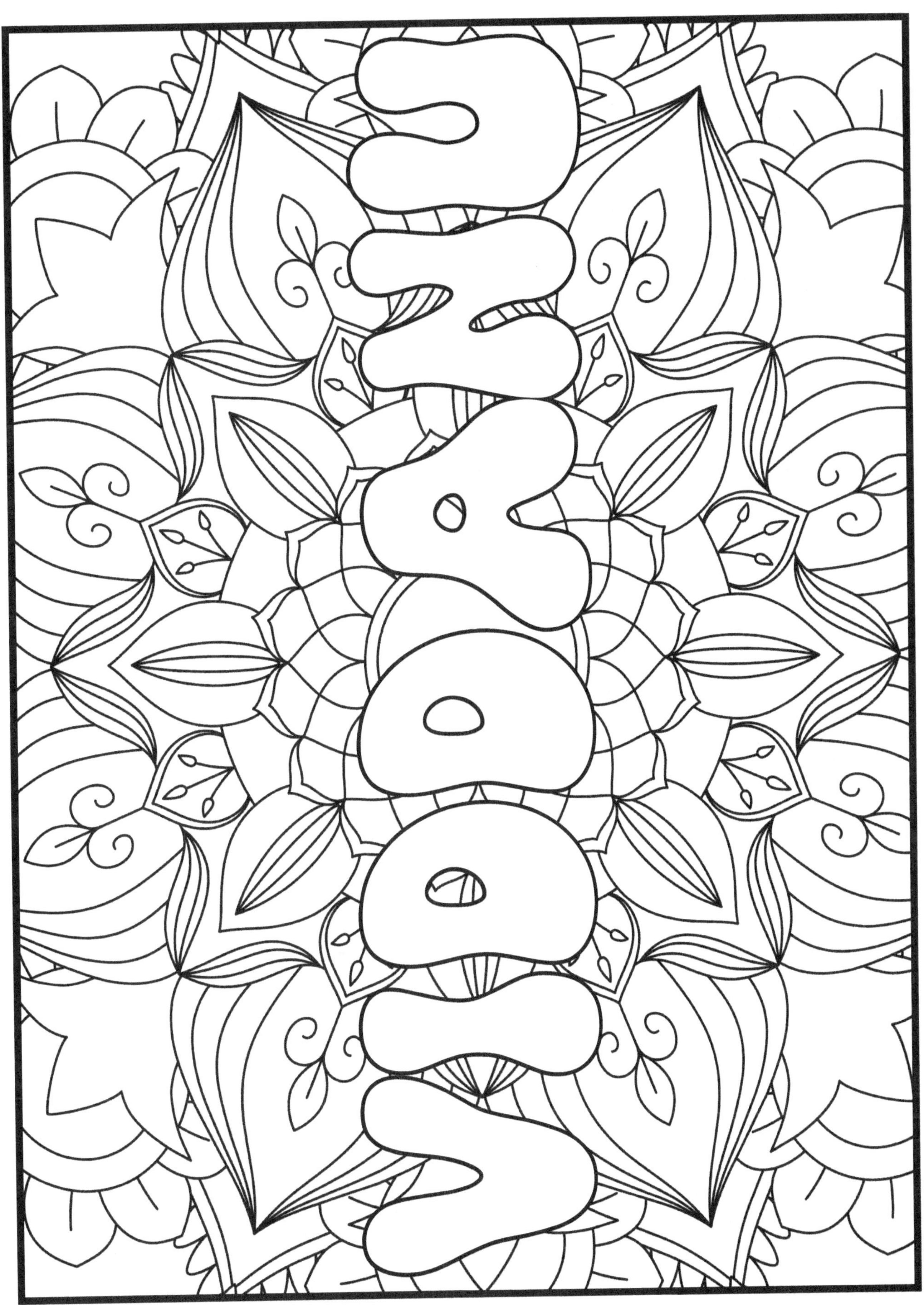

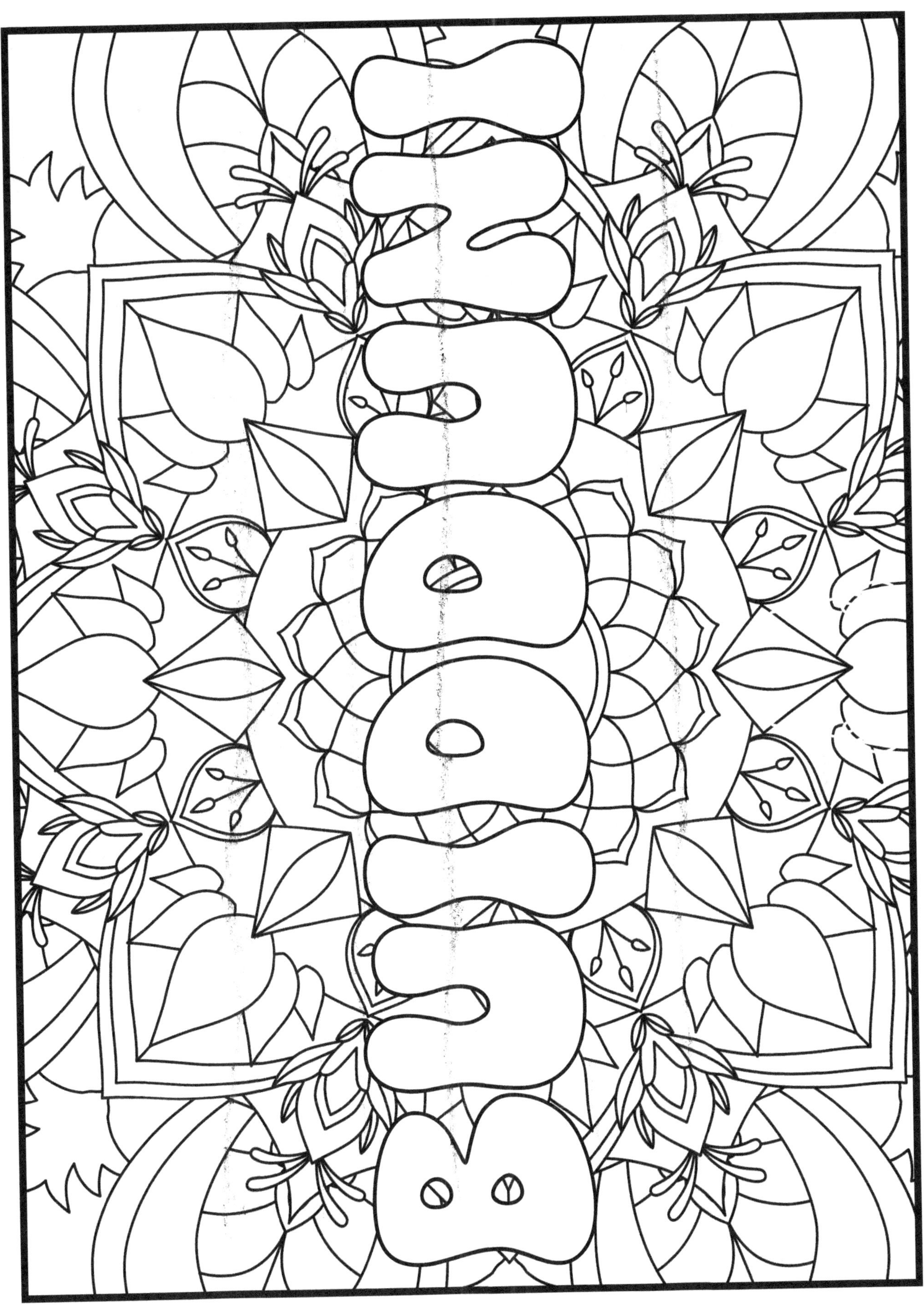

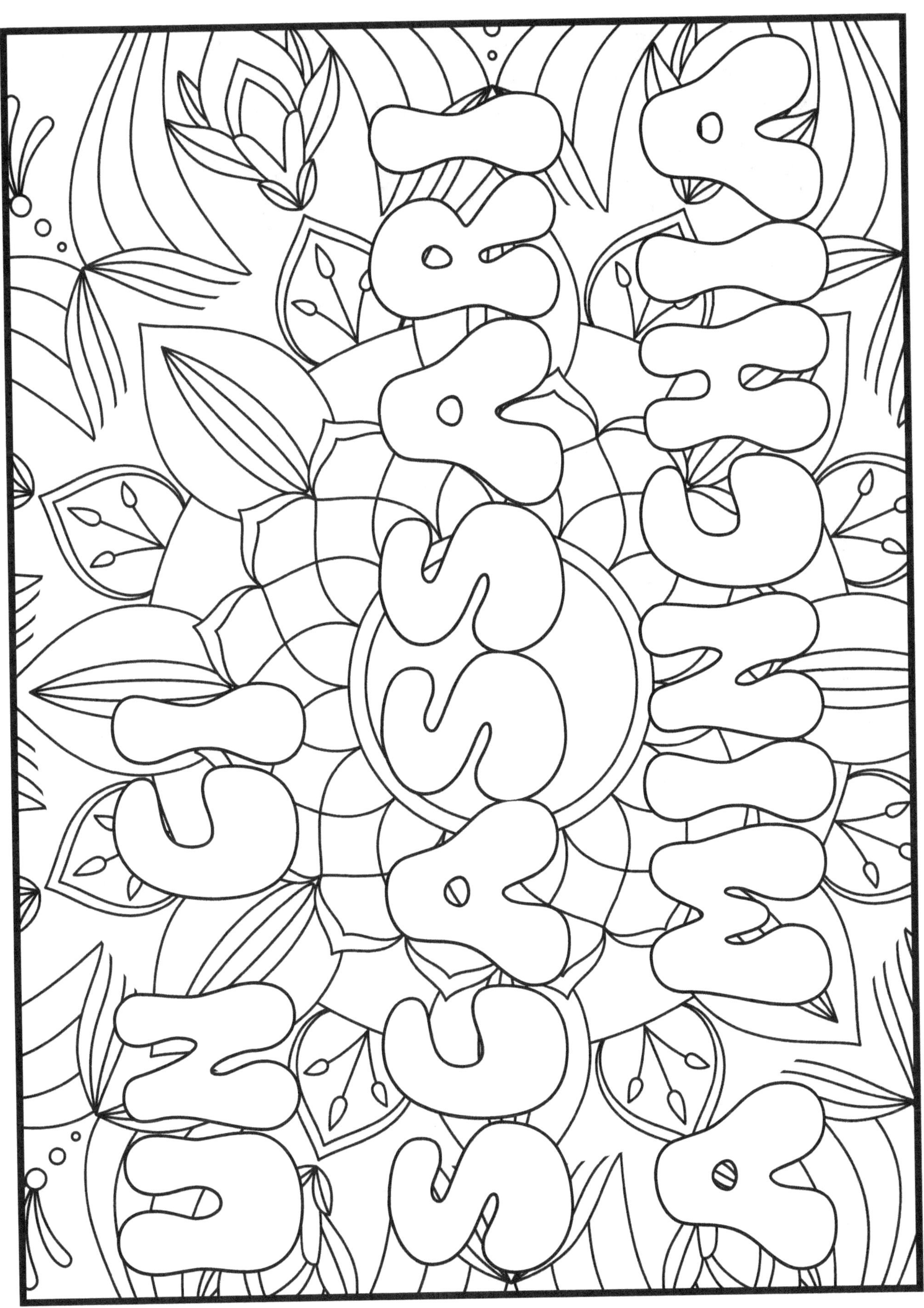

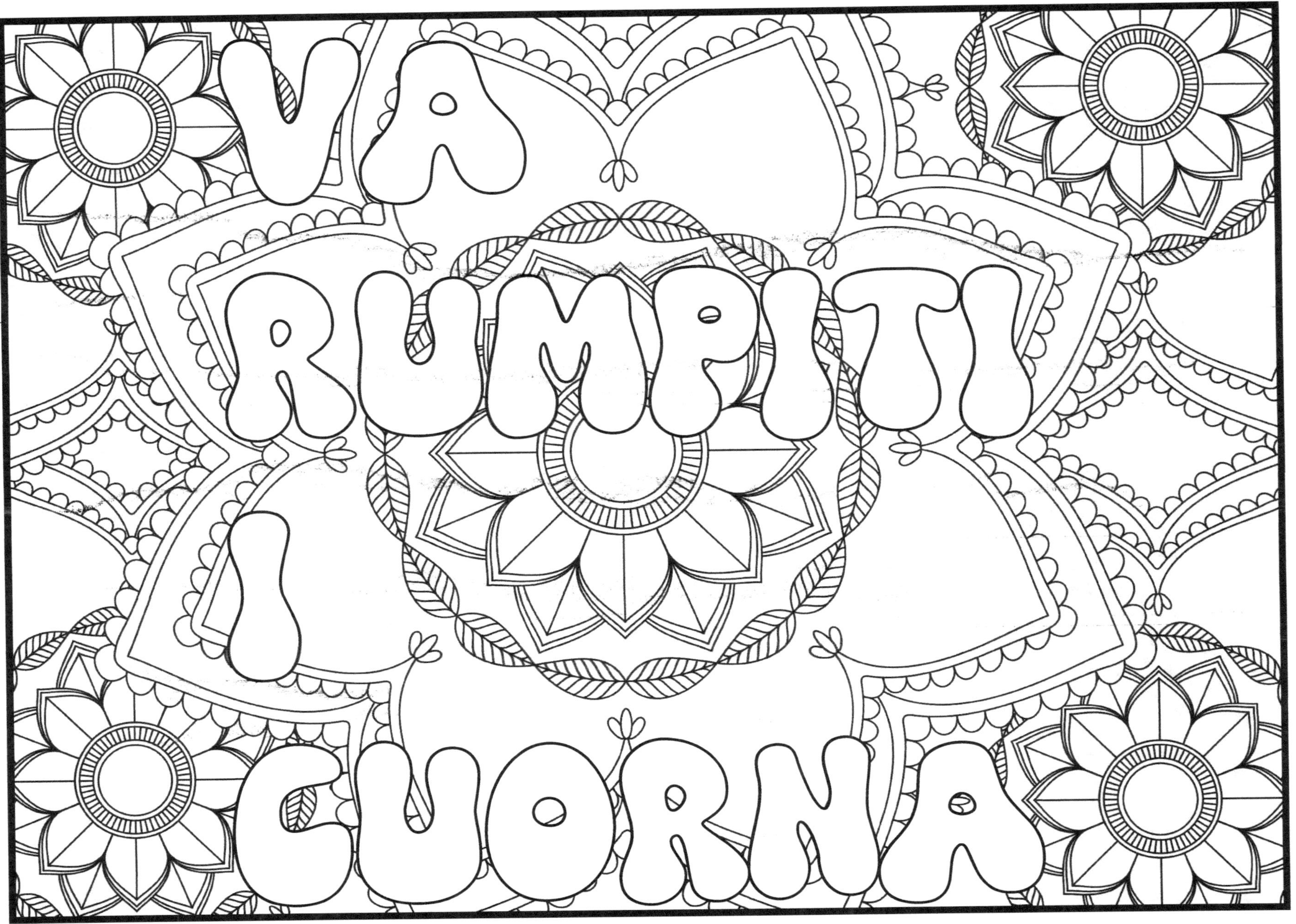
VA
RUMPITI
I
CUORNA

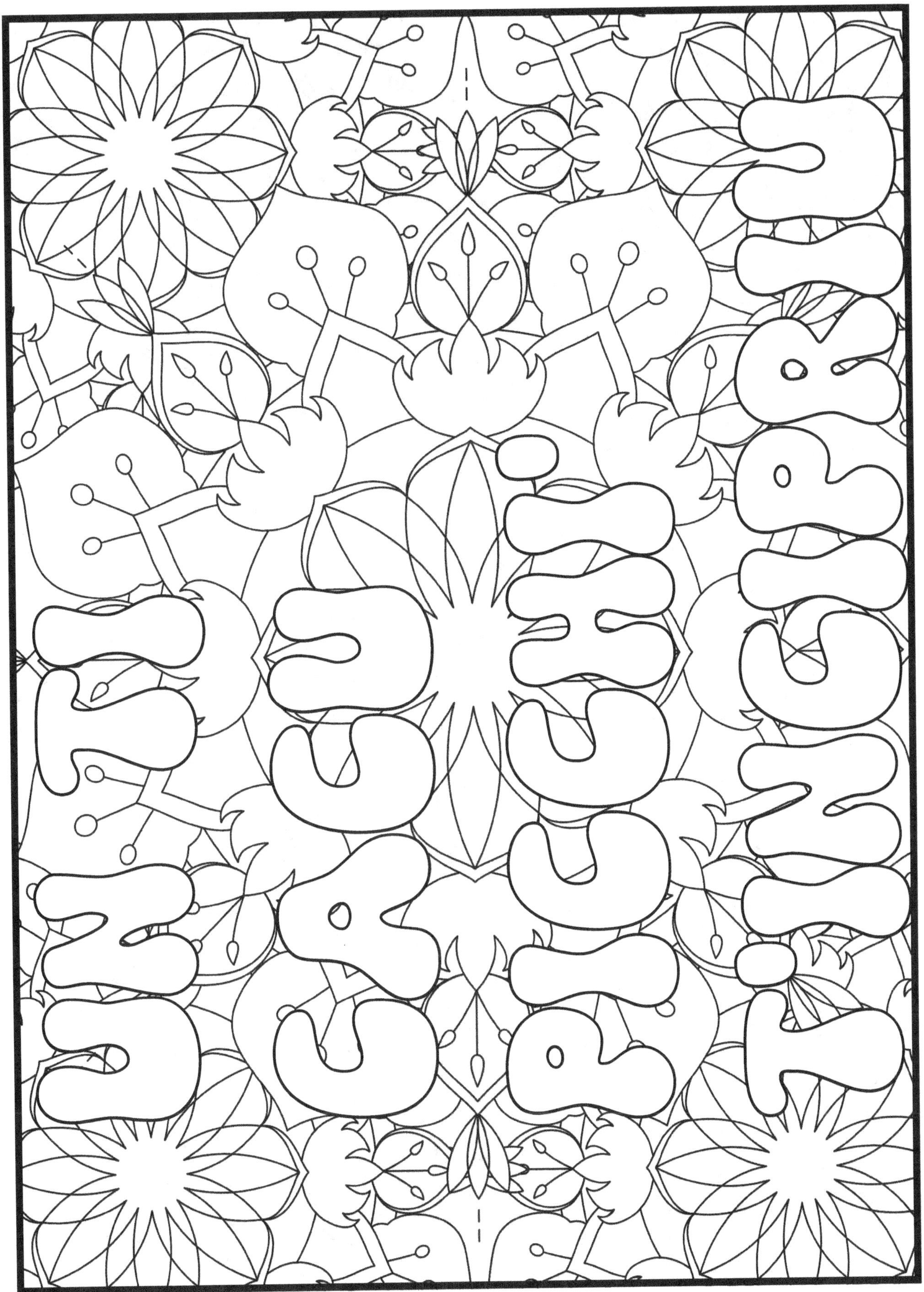

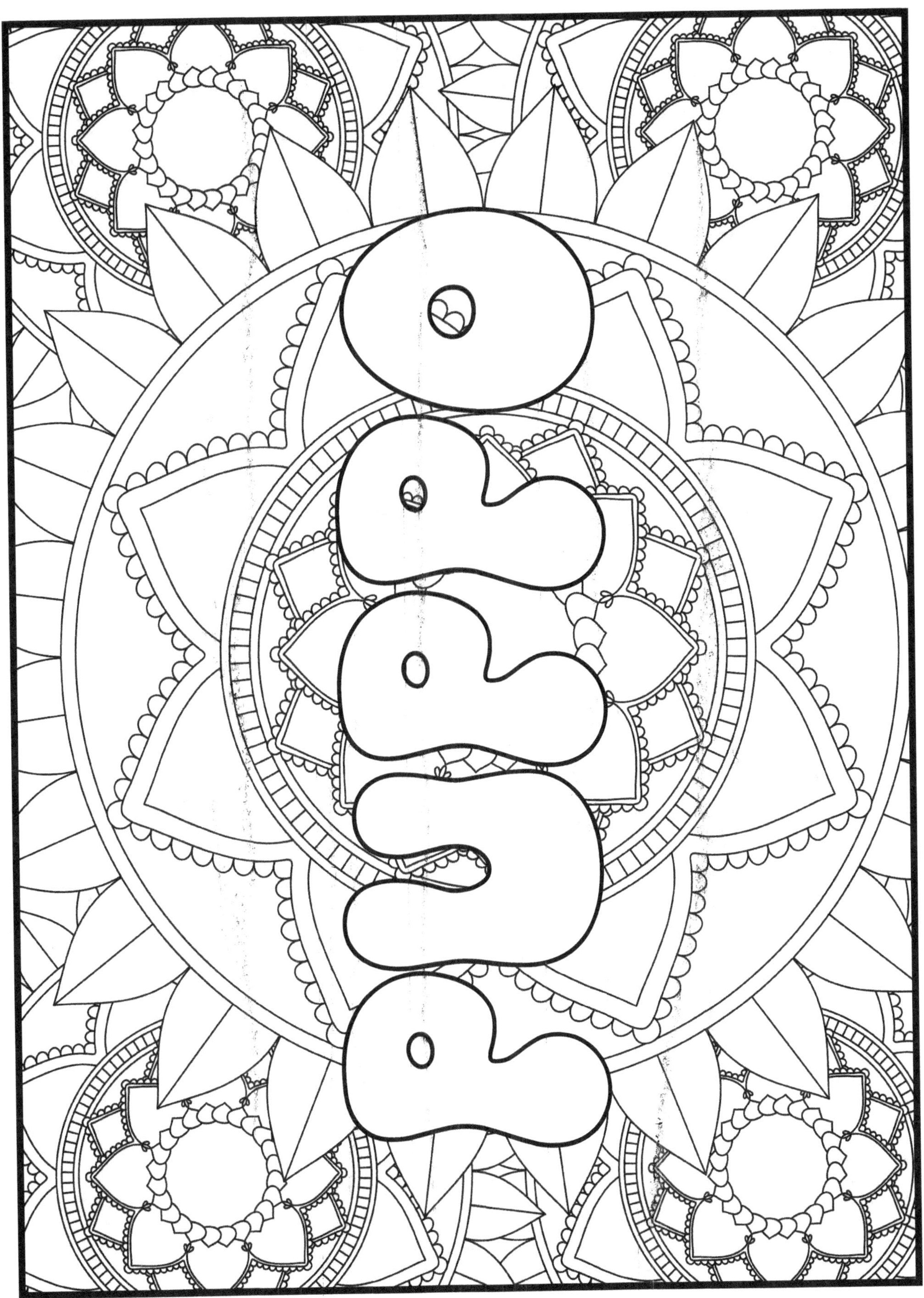
RELAX

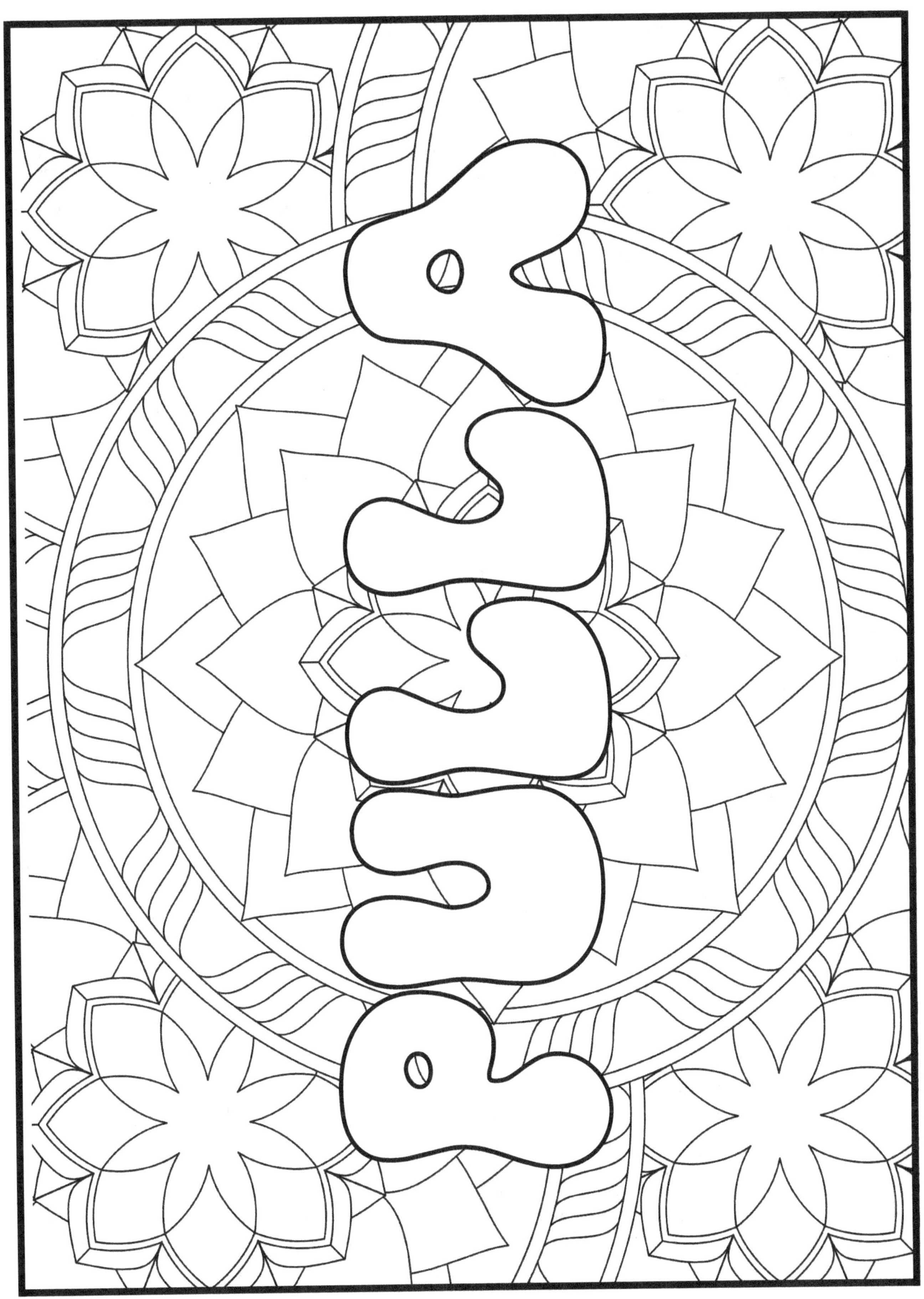

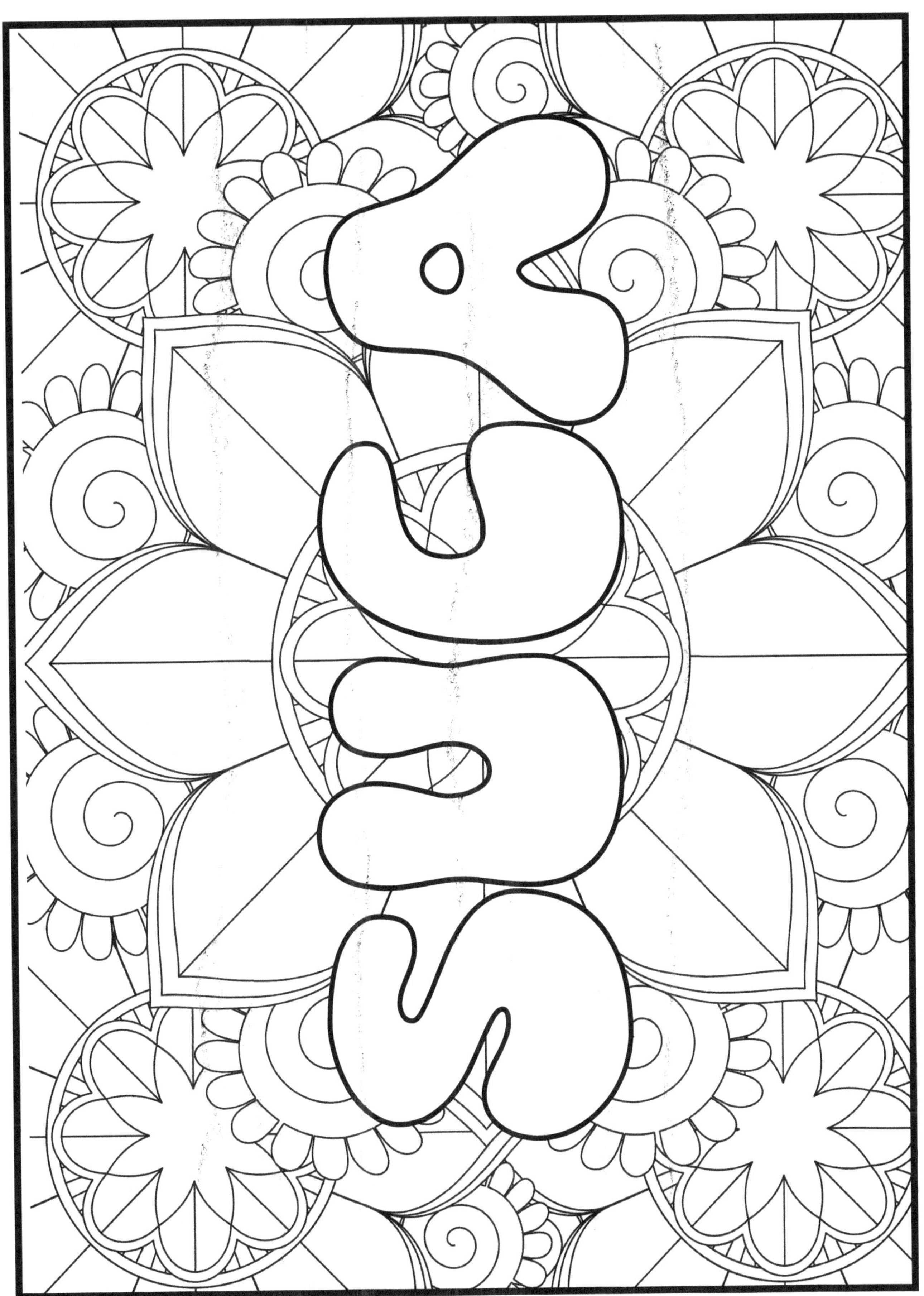

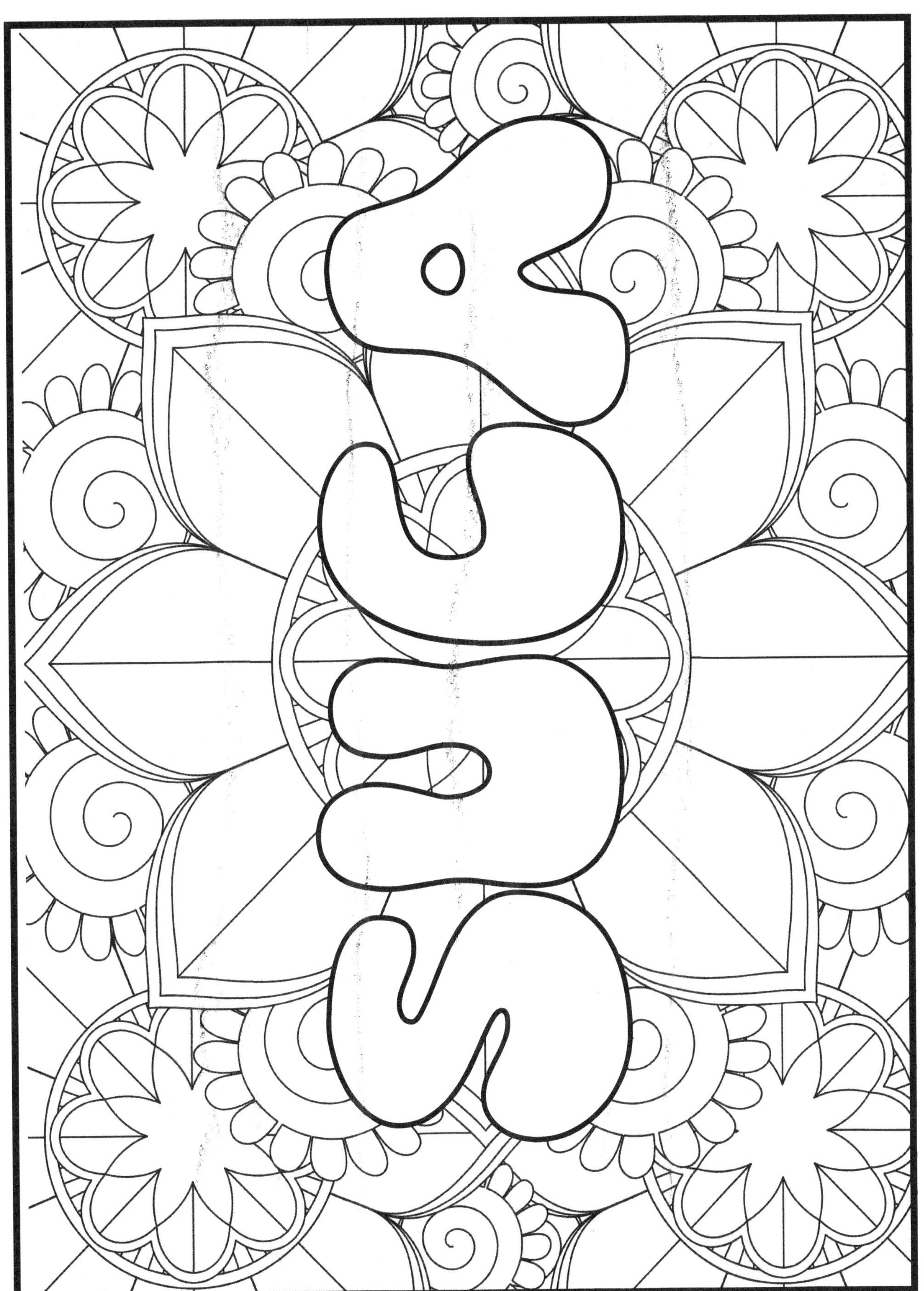

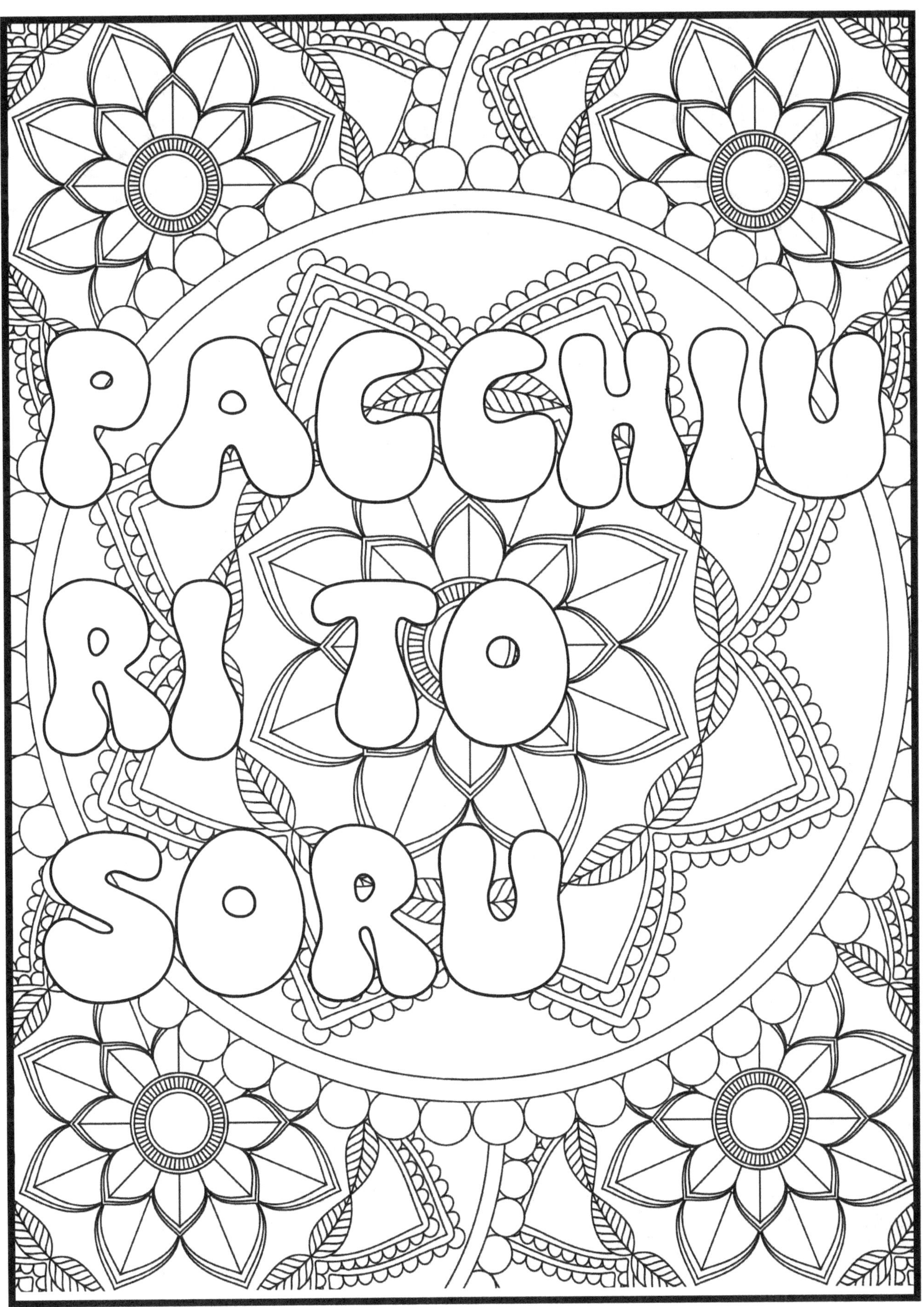

PACCHIU
RI TO
SORU

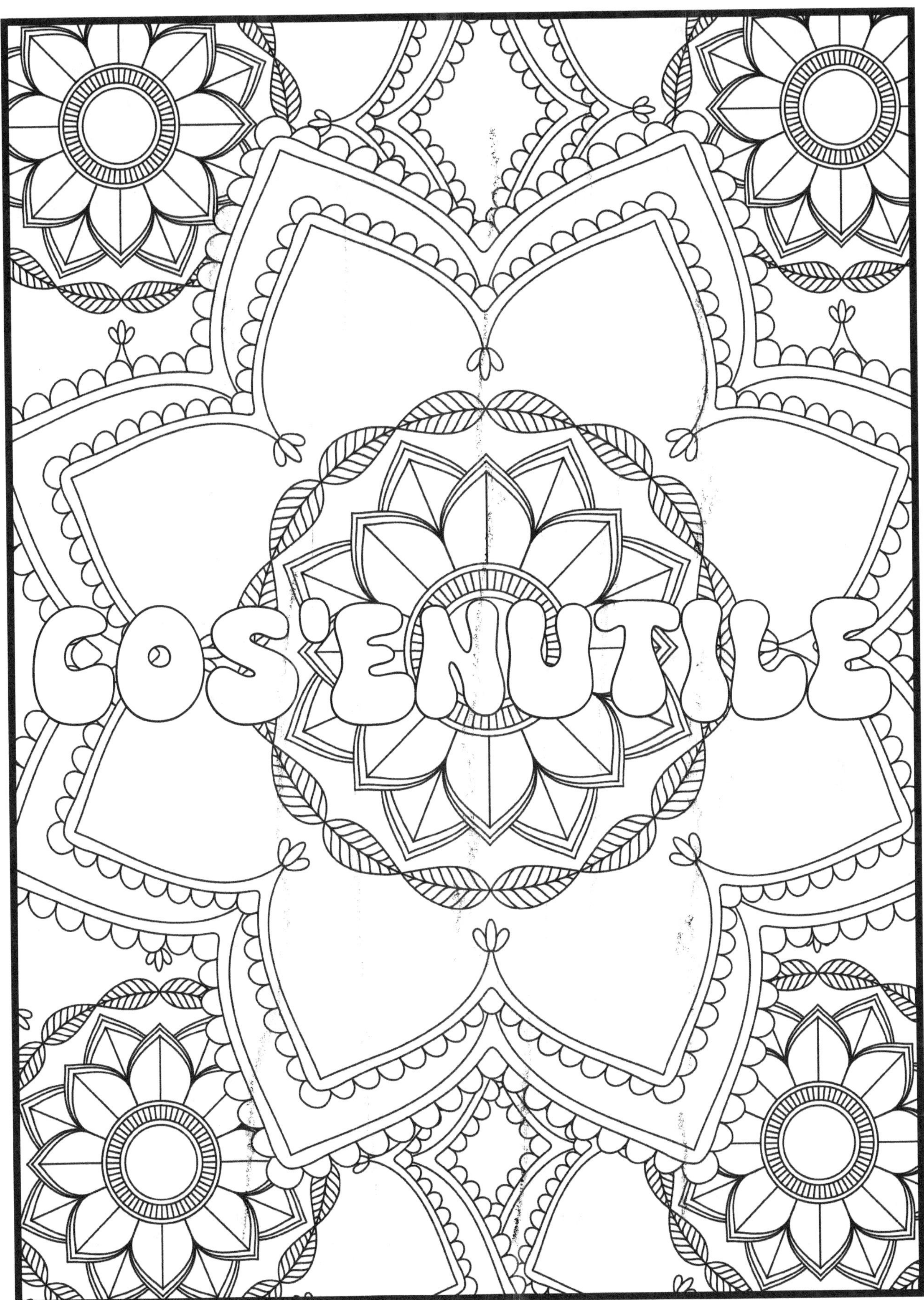
COS'E' NUTILE

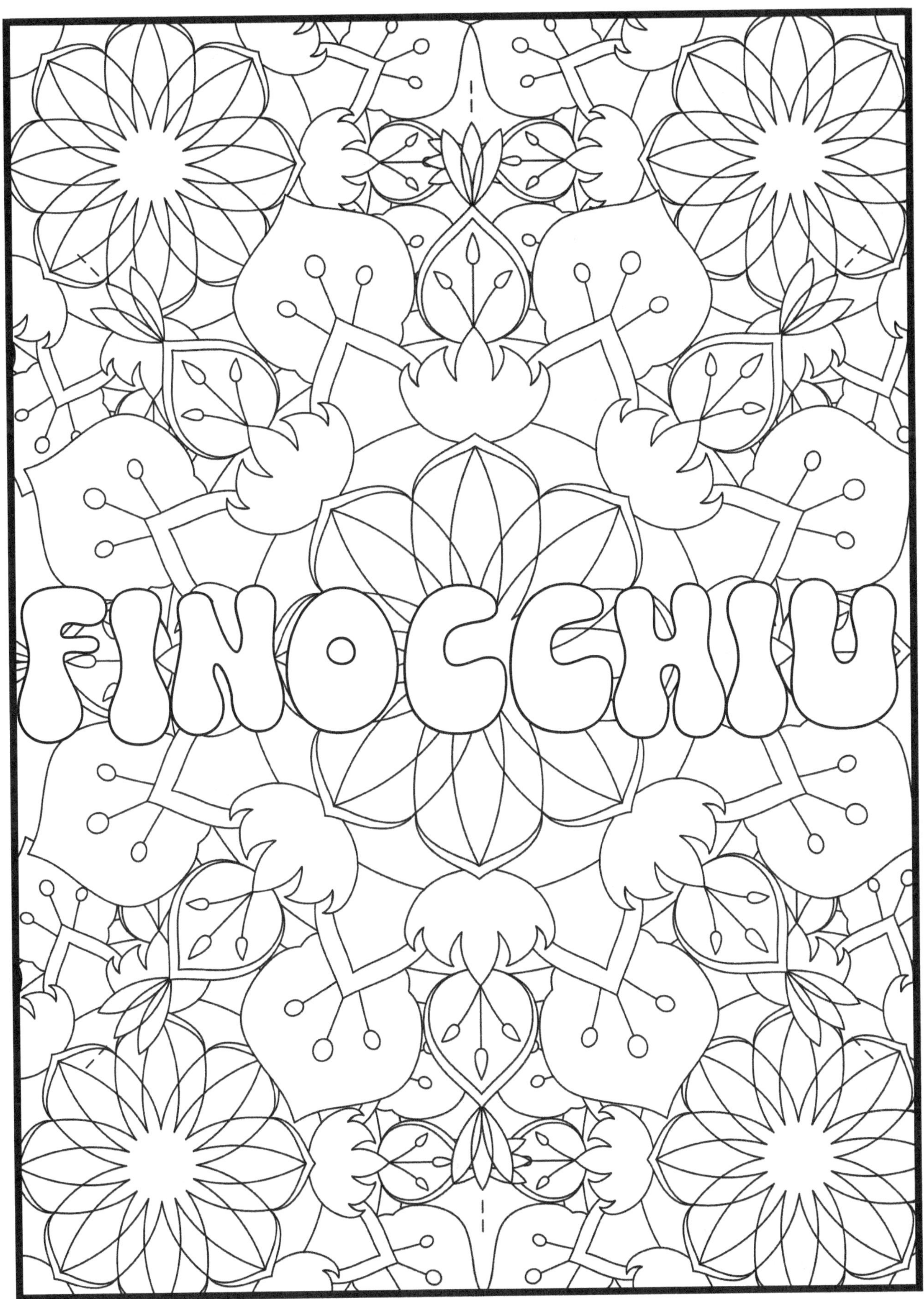
FINOCCHIU

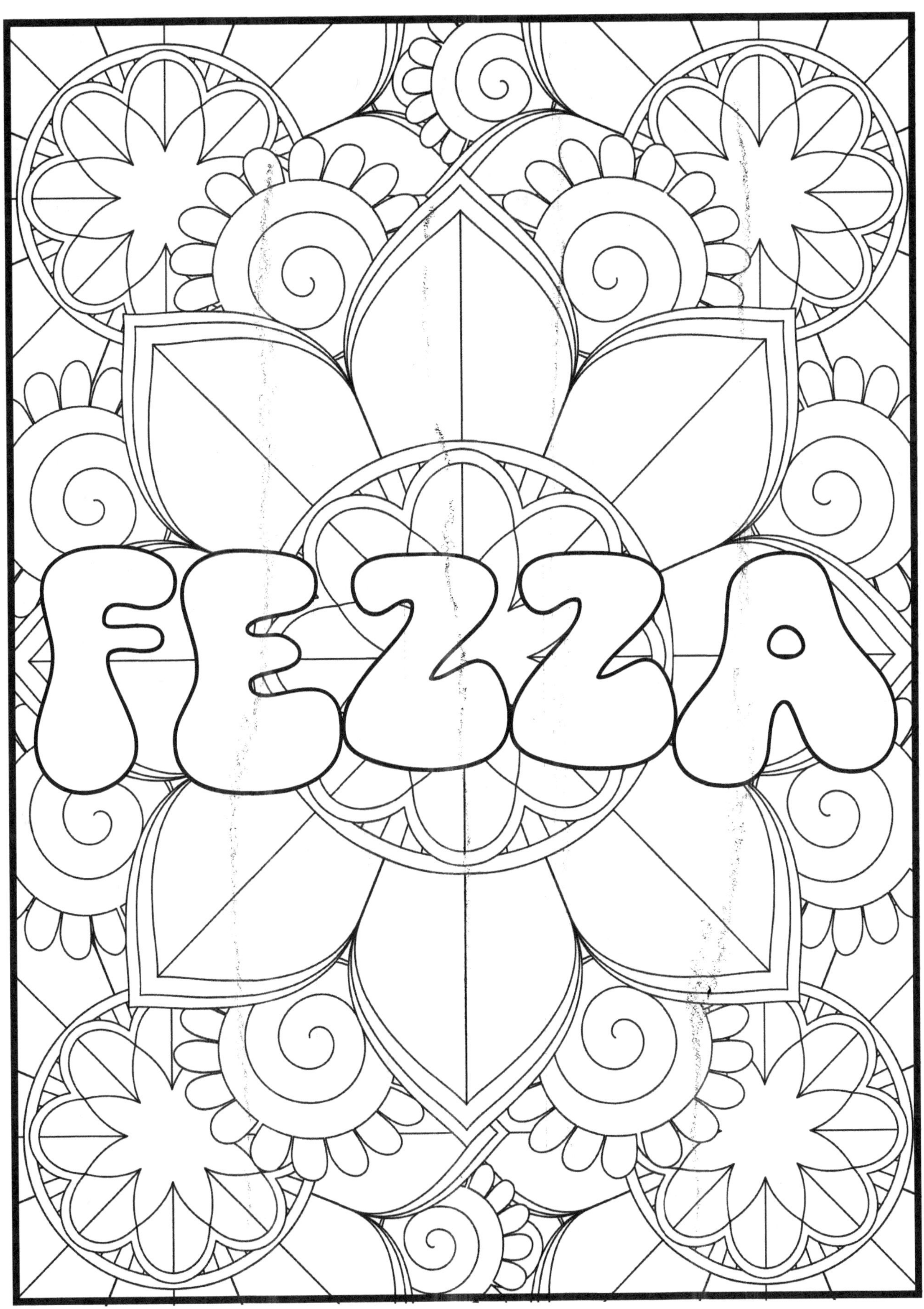
FEZZA

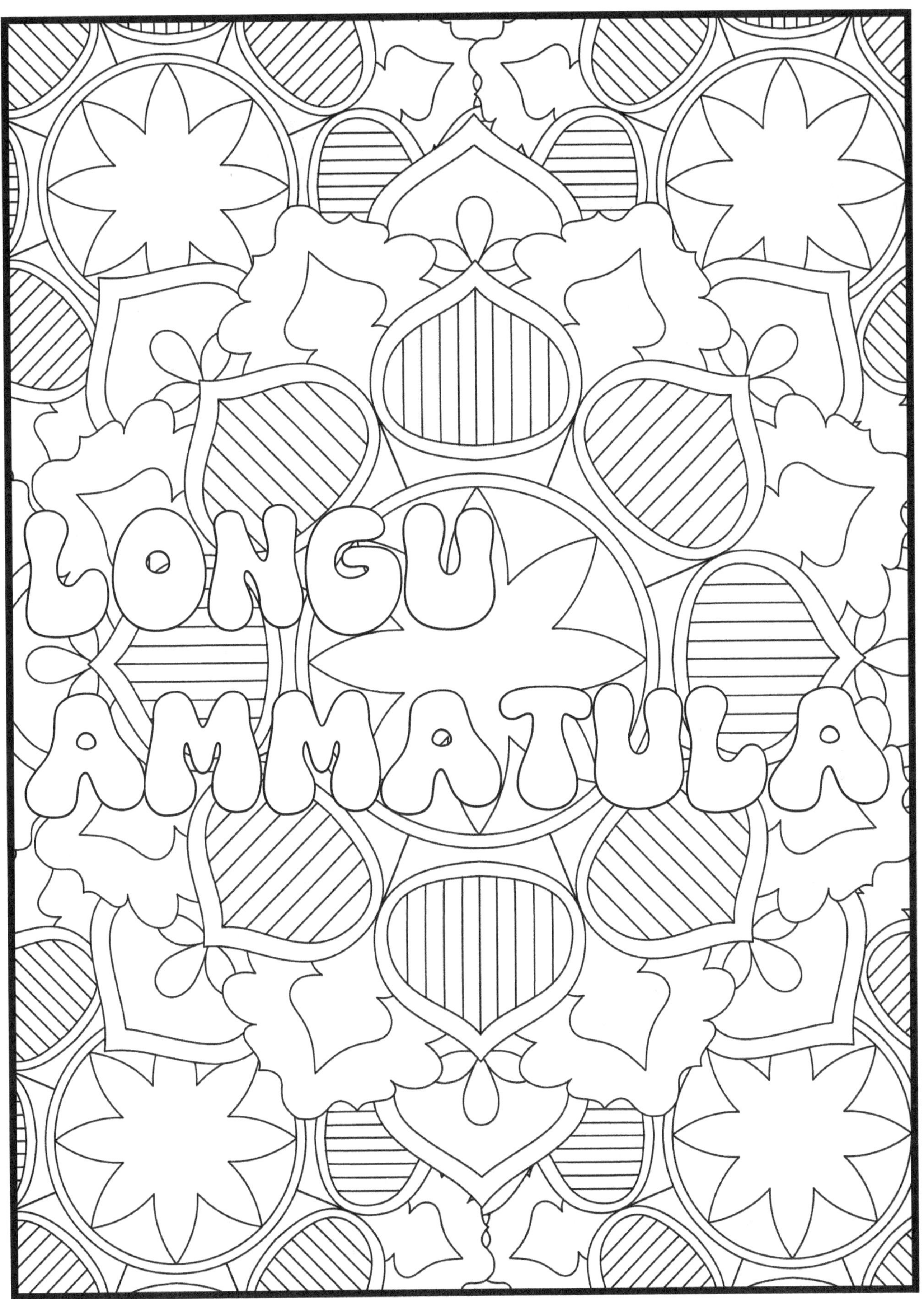

LONGU
AMMATULA

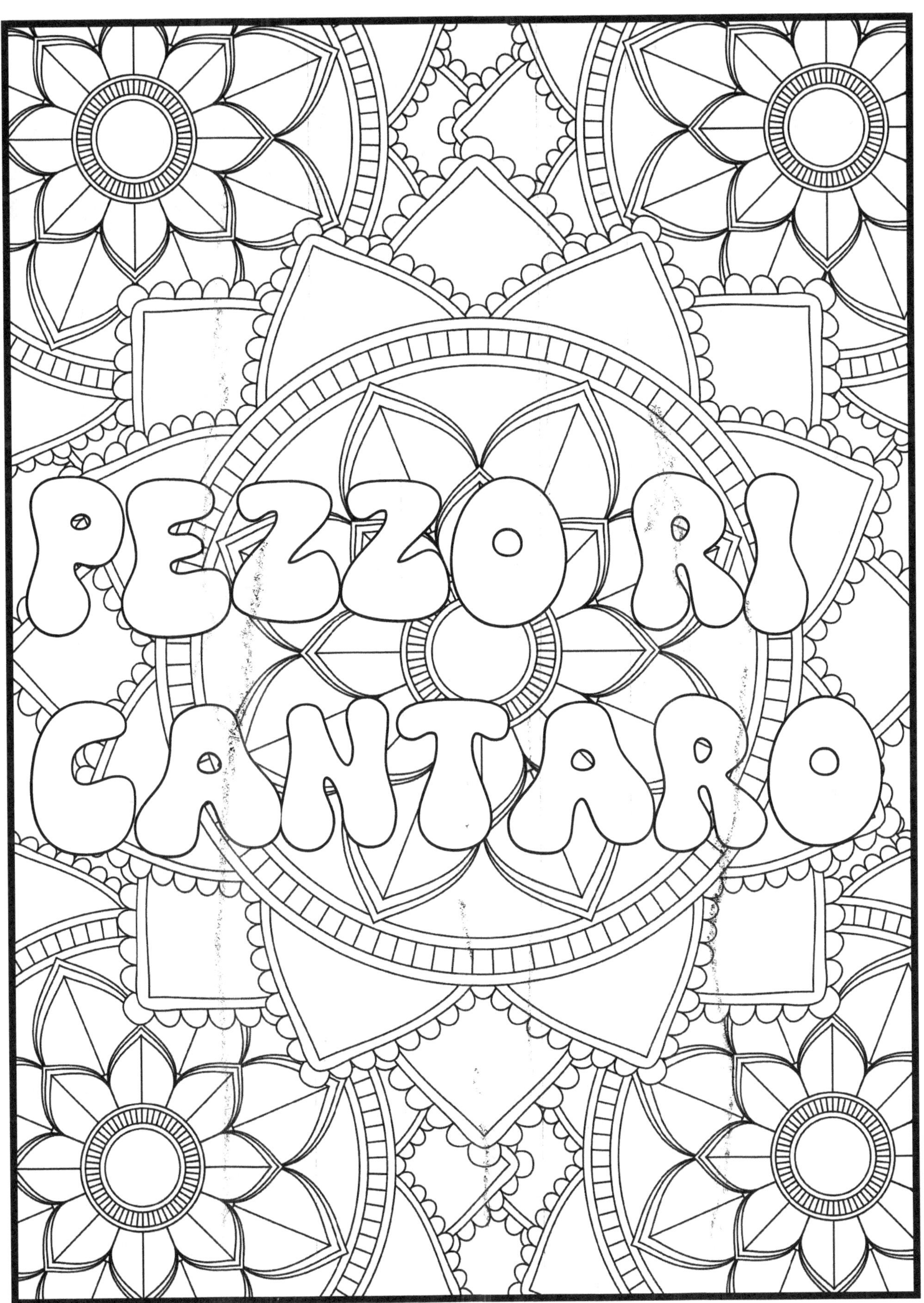

PEZZORI
CANTARO

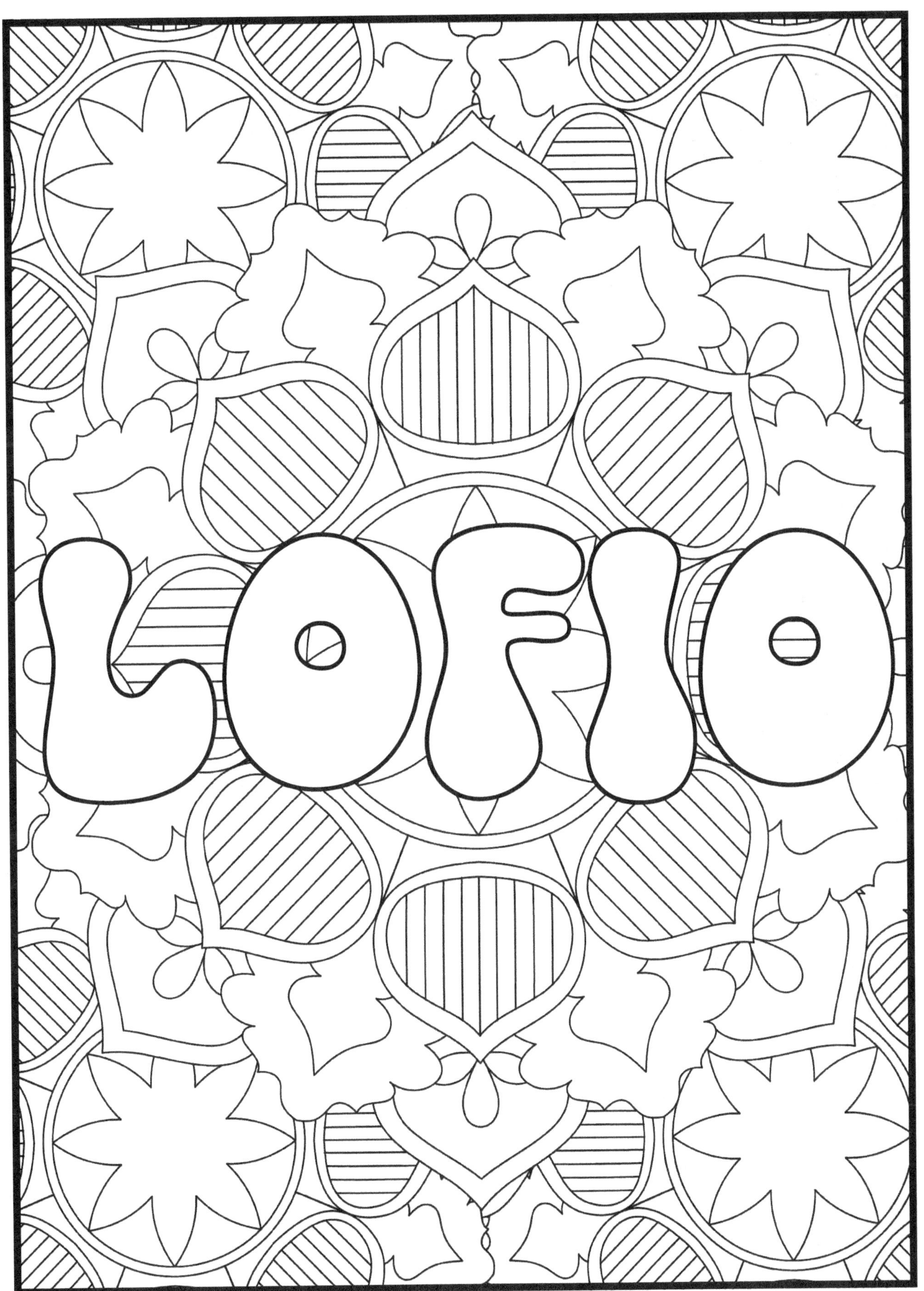

LOFIO

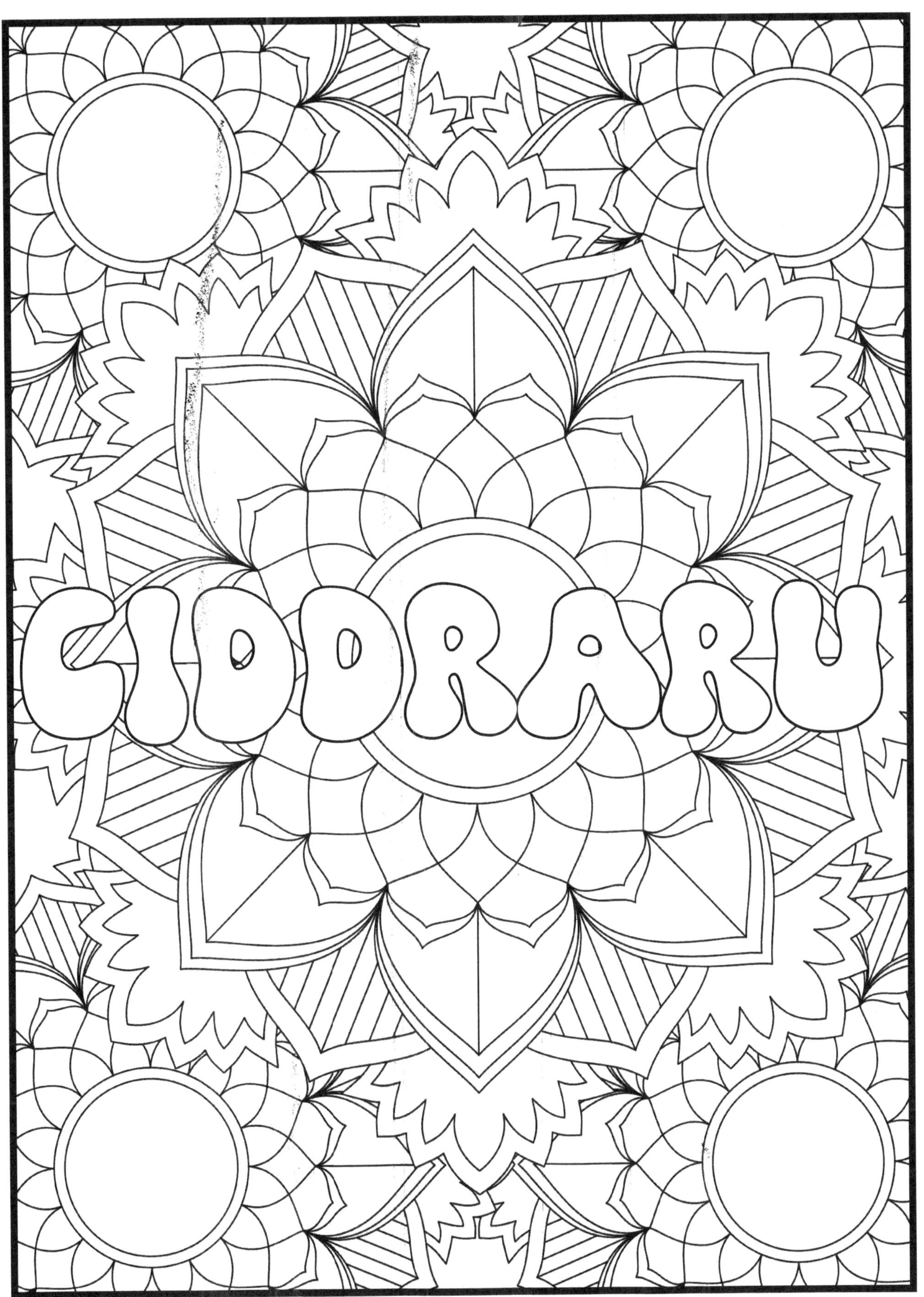
CIDDRARU

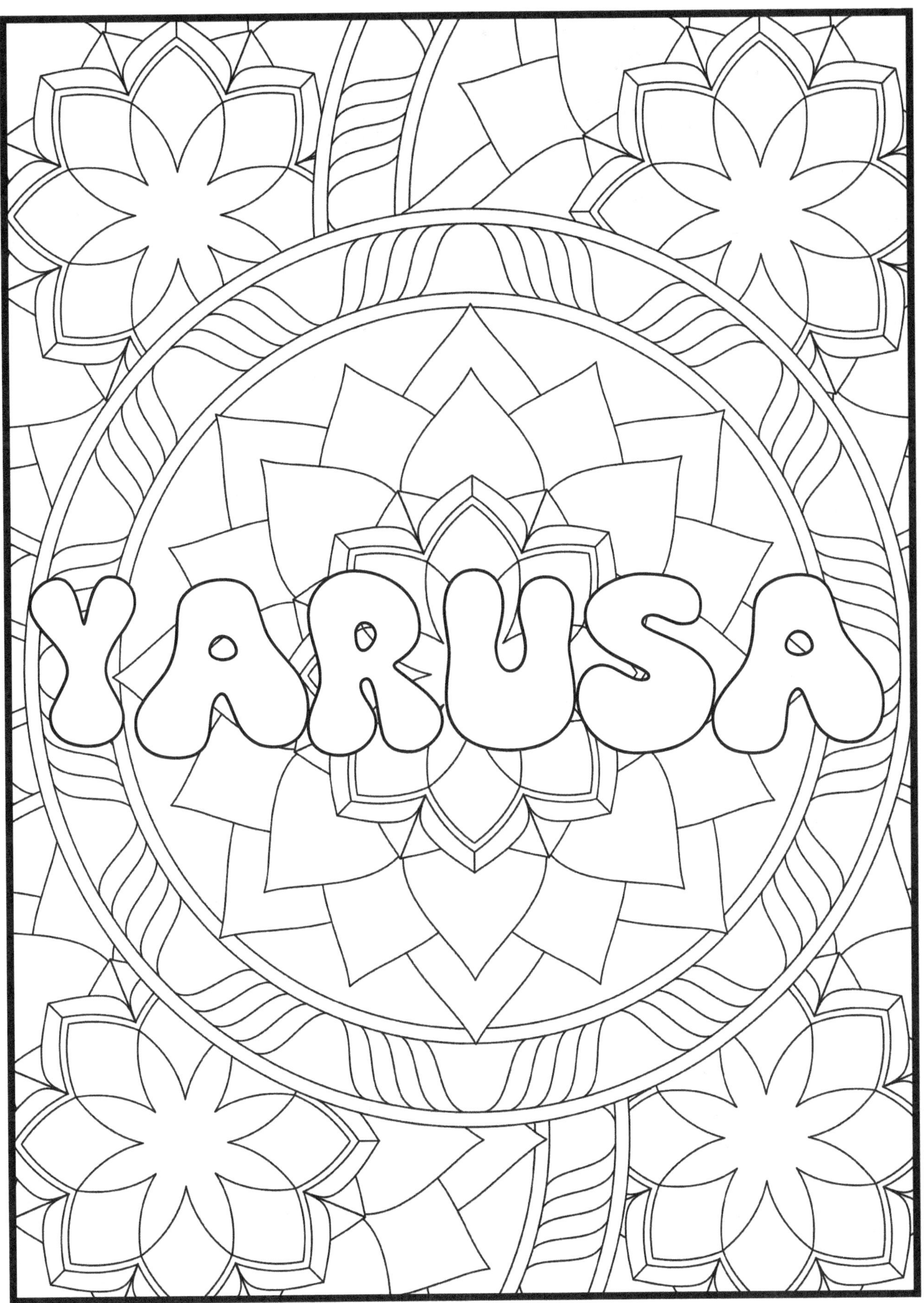
YARUSA

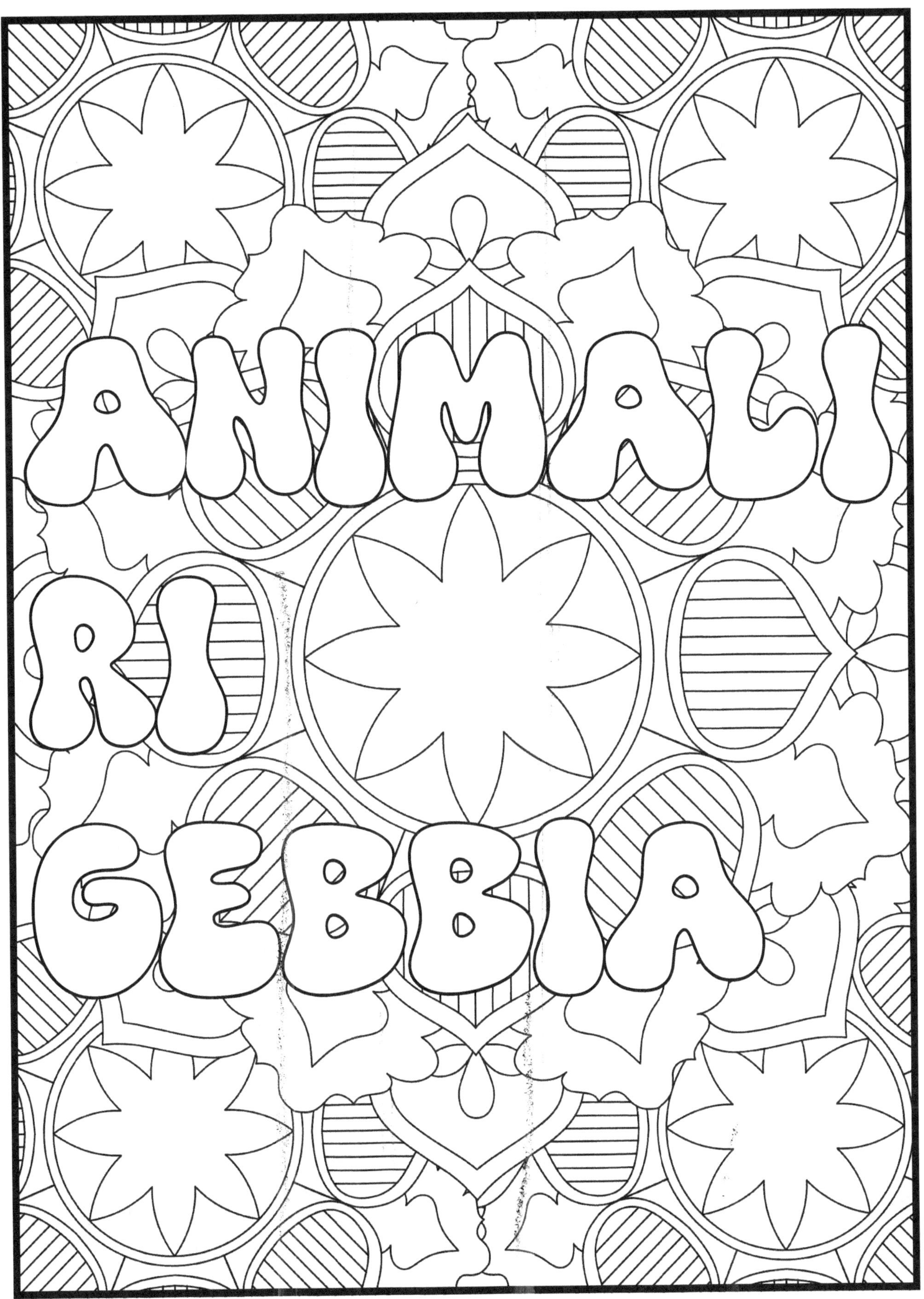
ANIMALI
RI
GEBBIA

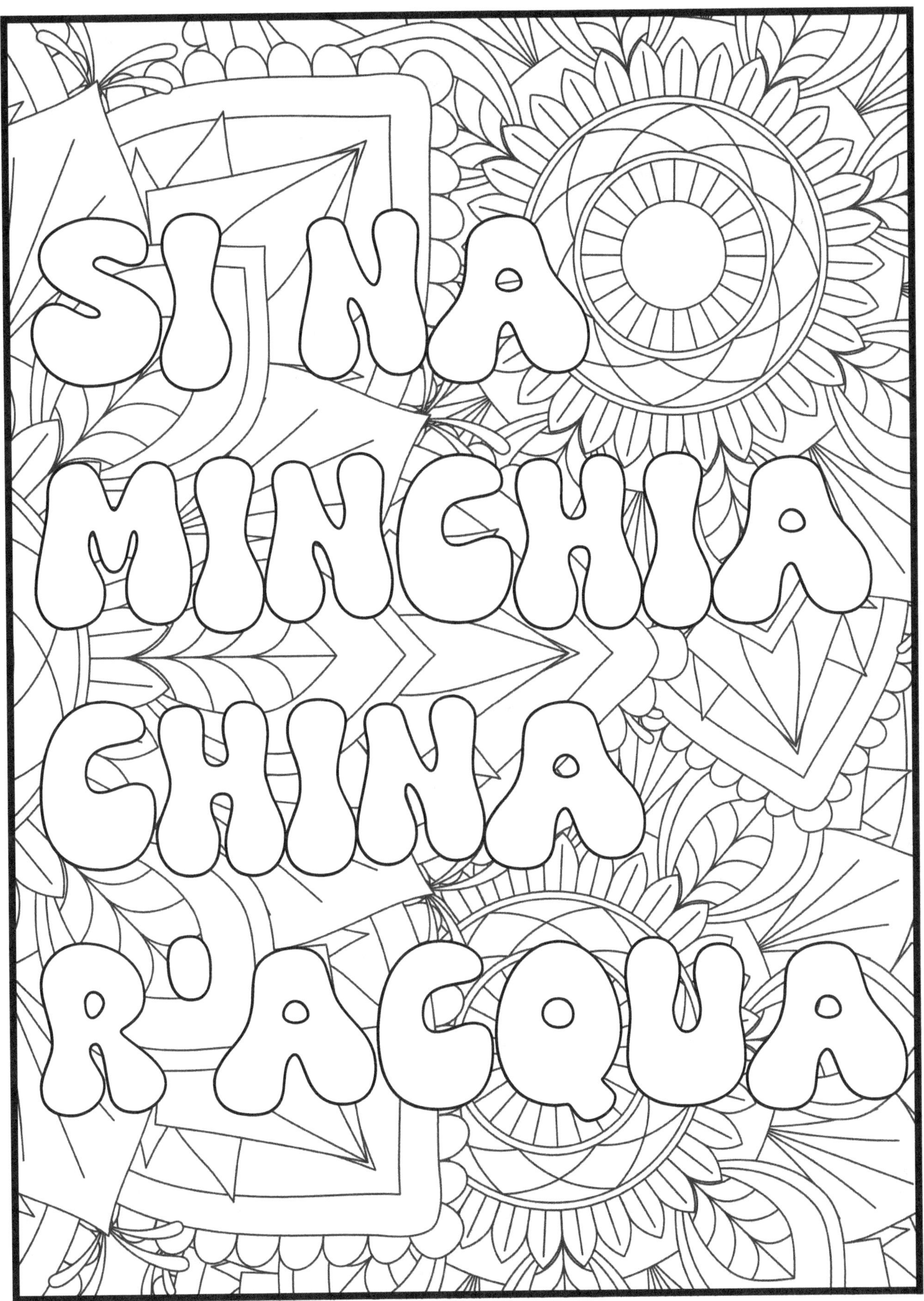
SI NA
MINCHIA
CHINA
R'ACQUA